부자들의
인간관계

부자들의
인간관계

스가와라 게이 지음 | 정지영 옮김

쌤앤파커스

차례

03

부자들의 시간은 빠르게 흐른다
: 비교할 수 없는 최고의 자산, 시간

04

부자들은 스펙을 보지 않는다
: 사람을 평가하는 남다른 기준

07 부자들은 혼자만의 시간을 즐긴다
: 모든 관계의 시작은 나 자신

* 만나는 사람을 바꾸면 부자가 될 수 있다

"부자는 싸움을 하지 않는다"는 말이 있다. 나는 오랫동안 이렇게 생각해왔다. '돈이 있으면 갖고 싶은 건 뭐든지 가질 수 있으니 짜증을 낼 일도 없겠지. 어떤 문제도 돈으로 해결할 수 있으니 다른 사람과 다툴 일도 없을 테고.'

그런데 최근 그런 의미가 아님을 깨달았다. 물론 돈이 많으면 싸움이 벌어질 일이 별로 없다는 의미도 있을 것이다. 그러나 일을 하면서 부자들을 만나 이야기를 들을 기회가 많다 보니 그런 뜻만 있는 것은 아님을 알게 되었다.

부자가 싸움을 하지 않는 것은 애초에 '싸움이 일어날 사람과 만나지 않기 때문'이었다. 부자들은 인간관계에서 취할 것과 버릴 것을 제대로 선택하고 있던 것이다. 마음이 맞는 사람, 가치관이 같은 사람들만 만나기 때문에 인간관계에서 발생하는 문제가 매우 적고 인간관계에서 오는 스트레스도 제로에 가깝다. 부자가 되어 여유로운 마음으로 살아가는 사람은 기본적으로 인간관계의 달인인 것이다.

부자들은 대체로 사소한 일에 얽매이지 않는다. 남은 남이고, 나는 나라는 확고한 생각이 있으므로 기본적으로 인간관계에서 분쟁이 일어날 일이 없다.

일상에서 느끼는 스트레스의 반 이상이 인간관계에서 생겨난다는 조사 결과가 있다. 결국 인간관계를 개선하면 스트레스의 절반 이상을 줄일 수 있다는 말이다. 이런 말을 듣기만 해도 스트레스 없이 느긋하게 살아가는 모습이 눈앞에 어른거린다.

그렇게 되면 자신의 능력을 최대한 발휘할 수 있고, 자기 인생에서 최고의 부자가 될 수 있다는 확신이 솟아날 것이다.

여기에서 말하는 인간관계는 소위 '인맥 만들기'와는 다르다. 마음속으로 서로 무언가를 얻어내고자 하는 욕심이 깔린 인간관계는 당장은 괜찮을지 몰라도 끝이 나쁜 경우가 많다.

반면 함께 있으면 마음이 놓이고, 근심 걱정이 사라져 마음이 따뜻해지는 사람이 있다. 그런 인간관계에 둘러싸이면 자신의 마음이 평온해지므로 일도 잘 풀리고 가정에도 평화가 찾아온다. 그러면 자연히 인생이 호전되기 시작한다.

아무래도 우리는 지금까지 크게 오해하고 있던 게 아닐까?

'성공해서 부자가 되려면 싫은 사람을 만나는 희생쯤은 감수해야 해. 항상 상대의 속마음을 살피고 미움받지 않도록 신경 써야지.'

이런 생각은 오히려 빈곤의 늪에서 헤어나지 못하고 보상받을 길 없는 삶의 방식을 만들 뿐이다.

우리 사회는 남의 마음을 헤아리는 것을 미덕으로 여긴다. 많은 사람이 끊임없이 언행을 조심하고, 상대의 기분을 상하게 하면 안 된다고 믿는다.

하지만 그렇지 않다. 아니, 오히려 정반대다. 서로 인내하거나 과도하게 신경 쓰지 않는 인간관계가 바탕이 되어야 한다. 그것이 바로 여유롭고 바람직한 인생으로 이어지는 삶의 방식이다.

'빈자소인(貧者小人)'이라는 말이 있다. 가난한 사람은 남에게 굽히는 일이 많아 저절로 낮은 사람이 된다는 뜻이다. 이 말은 분명 현실이지만 아무리 돈이 있어도 스트레스를 많이 받거나 끊임없이 인내해야 하는 삶은 행복하다고 할 수 없다. 우리가 목표로 삼는 것은 어디까지나 '행복한 부자'다.

시부사와 에이이치는 일본에서 처음으로 은행과 주식회사를 만든 사람으로 일본 자본주의의 아버지라고 불린다. 그는 《논어와 주판》이라는 책에서 《논어》라는 고전으로 인격을 갈고닦고 다른 사람과 교류하는 것이 얼마나 중요한지 말했다. 또한 주판이라는 상업 도구로 돈의 소중함을 설명했다. 이 두 가지가 사람에게도, 회사에도 풍요로움을 가져온다는 것이다.

코로나와 함께 살아가야 하는 위드 코로나 시대, 혹은 코로나가 사라진 이후의 포스트 코로나 시대에는 사람을 지혜롭게 사귀는 법, 즉 다른 사람과 적당한 거리를 두는 지혜가 지금보다 더욱 중요해질 것이다.

'밀접'이 주는 위험은 인간관계에서도 얼마든지 존재한다. 적당한 거리를 두고 사람을 사귀는 것은 공적인 자리뿐만 아니라 사적인 자리에서도 새로운 행동 규범이 될 것이다.

이제부터 우리는 서로 스트레스를 느끼는 일 없이 마음 편한 거리를 유지하면서도 마음은 확실히 통하는 인간관계를 목표로 하자.

어떻게 하면 그런 인간관계를 실현할 수 있을까? 나는 지금까지 만난 많은 부자의 언행과 그들이 인간관계에서 보이는 자세를 꼼꼼히 분석했다. 거기에 어떤 종류의 방향성이 있다는 것을 깨닫자 답이 보이기 시작했다. 이 책에는 그러한 내용을 정리해 담았다.

부자가 되는 행복한 인간관계를 맺는 요령에는 의외로 사소한 것이 많다. 그 사소한 일을 거듭하다 보면 절대 돈이 부족하지 않고, 여유롭고 편안하게 지낼 수 있는 나날을 만나게 될 것이다. 부자들이 인간관계에서 보여준 자세가 그 방법을 가르쳐준다.

2장부터는 '가까이 해야 할 사람'을 설명한 곳의 제목에는 ○를, 반대로 '꼭 피해야 할 사람'을 설명한 내용의 제목에는 ×로 표시했다. 앞으로 이것을 참고한다면 사귈 사람을 능숙하게 고르고, 원활한 의사소통을 하고 스트레스 없는 인간관계를 맺을 수 있을 것이다.

부디 여러분께 이 책이 도움이 되어 마음 편한 인간관계를 쌓아가고 그 결과 부자가 되는 인생으로 나아가기를 진심으로 바란다.

스가와라 게이

01

인간관계야말로
성공과 행복의
열쇠다

✳ 부자들은 모두
좋은 관계를 맺는다

상대를 직관으로 알아차린 마윈

손정의 소프트뱅크 회장은 일본 부자 순위에서 1, 2위를 다투는 사람이다. 2020년 기준 그의 자산은 약 22조 원에 달한다. 듣기만 해도 현기증이 날 만큼 비현실적인 숫자다. 중국의 내로라하는 부자인 마윈의 자산은 약 44조 원에 달한다. 이렇게 대단한 부자인데도 전 세계 부호 순위에서 20위권이라고 하니 정말 극소수의 사람에게 부가 쏠려 있다는 것을 알 수 있다.

지금은 대단한 부자인 마윈은 부유한 환경에서 성장하지 않았다. 가난한 가정에서 태어난 그는 외모마저 볼품없었다. 부모와 형제들은 외모가 출중했으나 마윈만 키가 작았고, 외계인을 닮았다는 소리까지 들었다. 성적도 중간 정도였다. 부모에게조차 "쓰레기통에서 주워온 아이"라는 말을 들었을 정도로 갖가지 콤플렉스에 시달렸다고 한다.

다만 영어에서만큼은 두각을 보였다. 마윈이 초등학교에 다니던 시절, 중국은 사회적으로 대전환기를 맞았다. 그는 '영어를 잘하면 미래가 보장되지 않을까?'라고 생각해서 독학으로 영어를 익혔다.

마윈이 영어를 습득한 방식은 조금 남달랐다. 매일 아침 집 인근의 큰 호텔로 가 외국인 관광객을 상대로 무료 가이드를 하며 한나절을 함께 보냈다. 이 방법 덕분에 13세가 되었을 때는 일상적인 영어 회화 정도는 막힘없이 구사하게 되었다.

하지만 그 후에도 학교 성적은 변함없이 제자리였고, 대학 입시도 실패했다. 추가 합격으로 간신히 대학에 들어간 그는 자신의 특기인 영어 실력을 더욱 갈고닦았다.

졸업 후 영어 교사로 일하던 마윈은 통역 회사를 차렸다. 이후에도 몇 차례 기복이 있었지만, 1999년에는 마침내 "중국의 야후"라고 불리는 인터넷 정보 사이트 알리바바를 설립해 부자가 되는 길에 발을 들여놓았다.

이렇게 마윈에게 성공의 길을 열어준 영어 실력은 호텔에 머무는 외국인 관광객과의 교류 덕분에 일취월장했다. 그는 매일 아침 '이 사람이다!'라고 느낀 상대를 그날의 동행으로 골랐다고 한다. 매일 낯선 사람과 만나는 사이 영어를 통달했을 뿐만 아니라 말이 잘 통할 만한 사람을 가려내는 감도 생겼다.

직관은 의외로 정확하게 들어맞는다. 직관적으로 '이 사람과 잘 맞을 것 같다'라고 느껴지는 사람을 알아차리는 감각을 갈고닦는 것은 인생의 열매를 맺게 하는 인간관계 형성에 있어 가장 중요하다고 할 수 있다.

세계적인 성과는 인간관계에서 탄생했다

현재 세계적으로 가장 유명한 일본인을 꼽자면 교토 대학교 iPS세포 연구소 소장인 야마나카 신야 교수를 빼놓을 수 없다. iPS세포는 체세포를 이용해 다양한 신체 조직이나 장기의 세포로 분화할 수 있는 '유도만능줄기세포'를 뜻한다. 이 줄기세포 개발 덕분에 의학은 새로운 차원으로 도약하는 문을 열게 되었다.

이 iPS세포의 개발로 노벨상을 받은 야마나카 교수는 어렸을 때부터 낯가림이 매우 심했다고 한다. "사람들과 어울리기 힘들어서 파티 같은 곳은 발도 들이지 않았어요. 심지어 대학 졸업식도 마찬가지였죠"라고 말했을 정도다.

야마나카 교수는 한 TV 토크쇼에 출연해 이렇게 말했다. "환자를 돌보는 임상의가 아니라 연구자의 길을 택한 이유 중 하나가 매일 현미경만 들여다보면 되기 때문이었어요." 이 말로 짐작건대 그의 낯가림은 대단했던 것 같다.

야마나카 교수는 30세 무렵 세계적으로 유명한 글래드

스턴 연구소에서 연구할 기회를 얻게 되어 미국으로 유학을 떠났다. 그는 미국에서도 한결같이 고개를 숙이고 현미경만 들여다보았다. 그렇게 매일 성실히 연구에 몰두하다 보니 큰 성과를 거둘 수 있었다.

그러던 어느 날, 그를 지도하던 로버트 메리 교수와 이런 대화를 나누게 되었다.

"인맥을 좀 더 넓히는 게 좋을 것 같아. 이런저런 사람을 만나서 존재감을 드러내지 않으면 더 좋은 평가를 받을 수 없을 거야."

"전 사람을 만나는 게 불편해요."

"이건 업무니까 노력해야 해."

메리 교수는 이런 말도 덧붙였다.

"그렇다면 연기를 해봐. 아무리 불편해도 업무의 일종이라고 생각하고, 다른 사람을 만날 때 즐거운 듯 연기를 하는 거야."

이후 야마나카 교수는 사람들을 만나면 즐거운 모습을 연기하려고 노력했다. 한동안 그런 식으로 지내다 보니 자신도 신기하리만치 점차 연기하는 것이 즐거워졌고 머지않아 연기할 필요 없이 자연스럽게 사람을 만나는 것이 즐거워졌다고 한다.

귀국길에 오른 야마나카 교수는 본격적으로 iPS세포의 개발과 연구에 매진하기 시작했다. 처음 그의 연구팀은 고작 7명이었다. 게다가 세포 개발을 연구할 수 있는 전문가는 그뿐이었다. 그야말로 아마추어만 모인 팀이었지만, 7명이 의기투합해 연구에 매진하는 팀으로 발전했다.

연구는 상상을 초월할 만큼 고됐다. 힘든 작업이 거듭되면서 딱딱하고 불편한 분위기가 될 법도 했지만, 야마나카 교수는 연구실에 웃음이 끊이지 않도록 자신이 광대 역할을 자처하기도 하면서 재미와 즐거움을 주고자 노력했다. 그 결과 연구팀은 굳건히 단결해 하나가 될 수 있었다.

어느 날, 한 팀원이 농 반 진 반으로 꺼낸 아이디어를 실행한 덕분에 이를 계기로 예상보다 훨씬 빠르게 성과를 냈다는 것은 잘 알려진 이야기다.

인간관계가 시야를 넓혀준다

지금 야마나카 교수는 기초 연구 분야의 연구자로는 이례적으로 폭넓은 인간관계를 맺고 있다. 연구 자금 확보를 목적으로 정·재계 인사들과 두루두루 친분을 맺기도 하고, 마라톤 풀코스를 3시간 반 만에 주파할 정도로 프로 수준의 스포츠맨이기도 하다 보니 스포츠계 지인도 다수 있다. 또한 연예계로도 인맥을 넓히기도 했다.

야마나카 교수는 인간관계에 대해 이렇게 말했다.

"iPS세포 연구는 현재 임상을 통해 실제 치료법으로 응용해가는 단계에 접어들었습니다. 이제는 여러 사람의 의견을 듣고 가르침을 받으면서 연구하는 것이 점점 중요해지고 있지요. 만약 제가 예전처럼 계속 사람들과의 만남을 꺼렸다면 지금처럼 폭넓은 응용 연구로 확장하지 못했을지도 몰라요. 그런 의미에서 인간관계의 중요성을 알려주신 메리 교수님께 더없이 감사드립니다."

야마나카 교수처럼 사람을 만나는 것이 불편한데도 업무

때문에 사람들을 만날 수밖에 없다면 연기력을 발휘하는 것도 도움이 된다.

"참새 그물에 기러기 걸린다"라는 속담이 있듯 뜻하지 않은 만남이라고 해도 좋은 인연으로 발전한다면 큰 수확이 될 것이다. 혹 짧은 만남으로 그치고 말았다고 해도 잠시나마 좋은 인간관계를 즐겼다면 결코 헛된 시간은 아닐 것이다.

인생의 거울이 되어준 인간관계

나는 위험한 도전을 하는 것으로 유명한 여성 코미디언, 이모토 아야코에 대해 지금껏 잘못 생각하고 있었다. 내가 보기에 그는 "짐승 헌터"라고 불릴 정도로 맹수와의 대결도 거뜬히 해내거나 지독한 오지에 가서 말도 안 되는 체험을 하는 기묘한 연예인에 지나지 않았다. 그렇지만 에베레스트와 남극 대륙 최고봉인 빈슨매시프를 등정하는 모습은 혀를 내두를 정도로 대단하긴 했다. 그런 그는 어느새 활동을 넓혀가더니 코미디언의 틀에서 벗어나 최근에는 트레이드마크나 다름없던 두꺼운 눈썹 없이 배우로서도 눈부신 발전을 보였다.

그렇게 승승장구하던 모습 이면에는 인맥을 넓히기 위해 의욕적으로 노력했다는 사실이 있었다는 건 별로 알려지지 않았다. 이모토는 자신의 캐릭터를 만들어준 모험 버라이어티 TV 프로그램 〈잇테Q!〉에서 만난 사람들을 누구보다 소중히 여긴다며 이렇게 말했다.

"제가 텔레비전에 별로 나오지 않았을 때부터 알아주신 분들은 항상 저의 문제점이 무엇인지 제대로 짚어주셨어요. 저 역시 〈잇테Q!〉 스태프들과 동료 출연자에게 부끄럽지 않은 사람이 되려고 노력해왔어요. 저를 통제하는 힘이 되어주신 거죠."

이모토의 동료들은 격려가 되면서 동시에 스스로 통제하도록 도와준 셈이다. 정말 훌륭한 동료를 둔 그가 진심으로 부러웠다.

"지금 이렇게 있을 수 있는 건 전부 주변 사람들 덕분이에요."

그는 이렇게 말하며 지금의 자신이 있을 수 있었던 것은 지금까지 만난 사람들과의 인간관계 덕분이라고 했다.

인간관계는 서로를 비추는 거울과 같다. 이모토에게 좋은 동료가 있다는 것은 상대방에게도 좋은 인간관계를 지속해왔기 때문이라고도 할 수 있다.

매일 만나는 사람 중에서 누구를 가까이 두면 나의 앞날이 열릴 것인가? 그것을 감지하는 능력을 기르고, 바로 이 사람이라고 느껴지는 상대에게 먼저 적극적으로 다가가자. 이런 적극성도 그의 인생을 개척한 힘의 원천이었을 것이다. 인생은 인간관계에 보이는 이런 적극적인 자세에서 열린다고도 할 수 있다.

✳ 스트레스의 원인은
바로 인간관계

평생 살면서 몇 명이나 만날까

사람은 평생 몇 명의 사람을 만날까? 세상의 다양한 현상을 수리 모델로 변환하고 해석하는 '응용확률론'이라는 분야가 있다. 이 분야의 권위자인 와세다 대학교 도요이즈미 히로시 교수는 이렇게 말했다. "사람은 평생 8만 7,600명 정도를 만난다." 가설이라는 설명이 달려 있긴 했지만, 내가 경험하는 것보다 지나치게 많다는 생각이 들었다. 혹시 정말 그만큼 만나고 있는데도 간과해온 걸까?

내 느낌으로는 어림잡아 많게는 일주일에 3명 정도를 만난다고 생각된다. 20세부터 70세 정도까지 사회생활을 하면서 매주 3명을 만난다고 하면 총 7,800명(52주×3명×50년)을 만나는 셈이 된다. 이렇게 계산해도 상당히 많다. 그리고 그렇게 만나는 사람 대부분과 제대로 된 관계를 맺지 못한다는 것은 참 안타깝기도 하다.

지금 자신이 만나는 사람이 몇 명 정도인지 확인하려면 스마트폰에 저장된 연락처를 보면 대략 가늠할 수 있을 것이다. 2019년 조사를 보면 일본인이 연말연시에 정식으로 새해 인사를 전한 상대방의 수가 평균적으로 50명 정도였다고 한다. 그 내역을 자세히 살펴보면 업무 및 회사 관계자가 20명, 친구나 친척이 30명 정도였다.

최근에는 모바일 메신저나 이메일로 "새해 복 많이 받으세요"라며 간단한 메시지만 보내기도 하니 그런 경우까지 생각한다면 조사 결과의 두 배 정도인 100명 정도로 봐도 무방할 것 같다.

그런데 이 100명 정도 되는 인간관계가 우리에게 큰 스트레스를 주는 주범이다.

2017년에 일본 후생노동성이 실시한 조사에 따르면 노동자의 58.3%, 즉 절반 이상의 사람들이 업무와 직장에서 강한 스트레스를 받고 있었다. 스트레스를 받는다고 응답한 사람의 30.6%는 사람과의 만남이 원인이라고 답했다. 한 구직 정보 사이트 조사를 보면 여성 직장인의 86%, 그중 30대에서는 90%가 넘는 사람들이 직장 내 인간관계로 고민했던 경험이 있다고 답했다.

인간관계는 직장이나 업무 관계로 만나는 사람만으로 한정할 수 없다. 친구, 지인, 부모, 형제자매, 자녀 등 정말 다양하다. 이렇게 본다면 매일 고민거리를 안겨주는 스트레스의 대부분은 우리 주변 사람과의 만남에서 온다고 해도 과언이 아니다.

친구의 수와 관계의 질은 관련이 없다

"지금 술 마시자고 연락하면 당장이라도 달려올 친구가 한

트럭이야."

"친구 많은 것으로 치면 나를 이길 수 없지."

이런 자랑은 한 번쯤 들어봤을 것이다. 어째서인지 주변에 친구나 동료가 많을수록 좋다고 믿는 사람이 적지 않기 때문이다. 내 주변에서는 일본 동요 중 유치원 졸업식에서 흔히 부르는 '1학년이 된다면'에 나오는 가사, "친구 100명이 생길까?" 때문이라고 하는 사람도 있었다. 어쩌면 SNS 친구 수가 얼마나 되는지 서로 비교하기 때문일지도 모른다.

하지만 굳이 설명할 필요도 없이 좋은 만남, 좋은 인간관계를 맺는 것과 친구나 지인의 수가 많은 것은 본질적으로 관계가 없다.

친구나 동료가 많으면 인생이 즐거운 것은 사실이다. 그렇지만 인간관계의 진리는 단연코 '양'보다 '질'이다. 피상적인 만남이 많은 것보다 마음속 깊이 이어진 친구가 몇 명 있으면 그것으로 충분하고, 그 덕분에 인생이 풍요로워지는 법이다.

얼마 전 생일은 코로나 영향으로 여느 때처럼 친구들과 함께 보내는 자리를 만들지 않았다. 그랬더니 평소에는 모바일 메신저로 대화를 주고받던 친구들이 연달아 전화를 걸어왔다. 어린 시절부터 디지털을 접한 세대가 아니라 나이가 들어 스마트폰을 접했던 나는 상대방의 목소리를 들을 수 있는 전화가 걸려오면 기분이 좋다.

발이 넓기로 유명한 한 친구는 전화를 걸어와 갑자기 이렇게 말했다.

"오래 살아라. 새삼 생각해보니 진짜 좋은 친구라고 느껴지는 건 니 말고 몇 되지 않더라."

나도 같은 생각이었다. 오랜 시간 프리랜서로 일해왔기에 거래처도 많고 지인도 많은 편이라고 생각했다. 하지만 실제로 따져보니 친구라고 부를 수 있는 사람은 손가락으로 충분히 꼽을 수 있었다.

이런 친구는 그저 조금 아는 지인, 매일 얼굴을 마주하지만 가볍게 인사 정도만 하는 이웃과는 차원이 다르다. 돈으로는 절대 얻을 수 없는 풍요로움을 느끼게 해주는 인생의 보물이다.

진정한 부자는 돈의 가치와 동시에 돈의 한계, 즉 세상에는 돈보다 중요한 것이 있음을 잘 알고 있다. 돈은 운이 좋으면, 혹은 남보다 더 노력하면 손에 넣을 수 있는 경우가 많다. 하지만 진정한 의미에서 인생을 풍요롭게 해주는 인간관계는 운이나 노력만으로는 가질 수 없다. 말로 표현할 수 없는 어떤 인연이 없으면 관계를 단단히 엮을 수 없다.

　"옷깃만 스쳐도 인연"이라는 말처럼 사소한 계기로 만나 인간관계를 맺게 되는 것도 사실은 깊은 인연이 없으면 불가능하다. 인간관계라는 것은 하루아침에 만들어지는 것이 아니라 어느 정도 시간이 필요한 법이다.

　인간관계는 매우 섬세한 것이어서 조금이라도 부주의했다가는 어이없이 깨지기도 한다. 그래서 중요한 인간관계는 필사적으로 소중히 지켜야 한다. 과한 말이라고 생각할지도 모르지만, 나는 진심으로 그렇게 생각한다.

✳ 인간관계를 망가뜨리는
쓸데없는 노력

좋은 인간관계는 함께 있을 때 긴장되지 않고 상대방에게 굳이 신경을 쓰지 않아도 된다. 대화가 무르익고 웃음이 터지지 않더라도 그저 함께하는 것만으로 마음이 풀리고 안정되는 사이가 좋은 인간관계다. 항상 같이 시간을 보내고 싶은 관계 말이다.

이런 관계에서는 자신의 모습을 있는 그대로 드러낼 수 있으므로 자신도 모르게 일상의 스트레스가 완전히 해소되기도 한다. 자신이 가진 것 이상으로 보여줘야만 한다는 쓸데없는 압박에서 벗어나 상대와 자연스러운 모습으로 마주

할 수 있기 때문이다. 어딘가 위화감이 느껴지는 상대방을 무리해서 이해하고 받아들이려고 하면 괜스레 초조함만 심해질 뿐이다. 그러다 보면 관계가 더욱 삐걱거리게 될 수도 있다.

그렇다고 인간관계를 귀찮고 필요 없는 것으로 치부하고, 만남 자체를 차단하는 것은 안타까운 일이다. 새로운 사람을 만나면 새로운 가능성이 열리기 때문이다. 인생의 새로운 문을 여는 것은 대부분 새로운 만남에서 온다는 것을 잊어서는 안 된다.

만나는 상대가 성가시다고 느껴지면 무리해서 만나지 않는다는 원칙을 세우자. 그리고 단숨에 친해지려고 하지 말고 처음에는 필요한 것만 채우는 관계성을 목표로 하면 된다. 그러는 동안 서로의 거리는 서서히 좁혀지고, 어느새 친숙한 관계가 된다. 그것보다 더 좋은 일이 있을까.

✱ 나와 맞는 사람, 맞지 않는 사람

경주마는 기수를 단번에 간파한다

내가 오랫동안 신세를 진 어떤 화장품 회사의 사장은 경마를 매우 좋아한다. 처음 만났을 때는 홍보부 부장이었는데 이후 순조롭게 출세 가도를 걸었다. 현재 그는 10억 원이 넘는 연봉을 받으며 고층 아파트에서 살고 있다. 나는 직장인도 이런 단계를 밟아 부자가 될 수 있다는 사실에 눈이 휘둥그레졌다.

그와는 주로 토요일에 긴자에서 만났다. 그가 사는 곳 근처이기도 했지만, 마권 판매소가 가깝다는 것이 가장 큰 이유였다. 그는 비즈니스 능력은 탁월했지만, 스마트폰 조작은 서툴렀는지 인터넷으로는 마권을 구매하지 못해 굳이 긴자의 판매소까지 가곤 했다. 한번은 그에게 이런 말을 들었다.

"말처럼 똑똑한 동물도 없을 겁니다. 사람의 감정을 바로 읽어내거든요."

승마를 막 시작한 사람에게도 비슷한 말을 들었다.

"말은 타는 사람의 기량을 바로 간파해요. 자신을 탄 기수의 실력이 서툴러 마음에 들지 않으면 떨구는 일이 생겨요. 말의 마음에 들어서 탈 수 있게 되기까지가 힘들어요."

그러고 보면 중요한 경주에 참가하는 경주마는 기수가 거의 정해져 있다. 최고의 퍼포먼스를 발휘하려면 말과 기수의 호흡이 딱 맞아떨어져야만 한다.

이렇게 말과 기수의 관계처럼 인간관계에도 서로 마음이 맞는 것은 필수 조건이다. 필수까지는 아니라고 하더라도 매우 중요한 요건이라는 사실은 잊어서는 안 된다.

왠지 모르게 좋은 사람

그렇다면 마음이 맞는다는 것은 구체적으로 어떤 관계를 말하는 것일까? 나에게는 특별한 공통점도 없고, 가치관이 일치하지도 않지만 왠지 모르게 소중한 존재라서 중요한 이야기는 가장 먼저 말하게 되는 친구가 있다. 그 친구는 나와 마음이 맞는 사람이기 때문이다.

마음이 맞는다는 것은 마음과 마음이 자연스럽게 서로 공명하는 것을 말한다. 구체적으로 어느 부분이 들어맞는다는 길 뜻하는 게 아니다. 실제로 마음이 맞는 관계의 상당수는 서로 같은 일을 하지 않고, 성격도 다르며, 나이대나 취미도 다른 경우가 많다. 그런데도 어쩐지 끊으려야 끊을 수 없는 사이가 되고, 심지어 그 관계가 평생이라고 해도 좋을 만큼 오래 이어진다. 오랜 시간 자주 만나지 못해 관계에 틈이 생겨도 다시 만나는 순간 공백이었던 시간은 눈 녹듯 사라지고 마치 어제 만난 것처럼 느껴진다. 그 어떤 것으로도 설명할 수 없는 신기한 관계다.

반대로 마음이 맞지 않는 사람을 떠올리면 마음이 맞는다는 것을 좀 더 쉽게 이해할 수 있다. 마음이 맞지 않는 사람은 어느 부분이 어떻게 맞지 않는지, 무엇이 마음에 걸리는지 모르는 경우가 많다. 그럭저럭 가치관이 비슷하고, 공통의 취미도 있다. 그렇지만 함께 있으면 무언가 모를 위화감이 느껴진다. 눈에 보이지 않는 틈에서 바람이 불어오듯이 미묘하게 어긋난 관계다. 이런 사람과는 조건이 아무리 딱 맞는다고 해도, 아무리 오랜 기간 사귀었다고 해도 지인 이상의 존재는 되지 않는다.

모든 관계가 마음대로 풀리지는 않는다

하지만 마음이 맞지 않는 사람과도 겉으로나마 잘 지내야 하는 것이 현실이다. 우리는 애석하게도 경주마가 아니기 때문이다. 상대방이 싫다고 해서 경주마가 기수에게 하듯 바닥에 떨굴 수도 없고, 싫어도 만나야 할 경우가 생기기 때문이다.

중요한 거래처의 관계자이지만 정말 받아들이기 힘든 사람도 있는가 하면, 친척이라 해도 심하게 불편한 사람도 있다. 이런 사람과도 표면적으로는 웃으면서 지내야 풍파가 일어나지 않는다. 이렇게 요령껏 살아가는 기술도 필요하므로 인간관계는 상당히 장애물이 많은 기술인 셈이다. 하지만 이런 기술을 터득하는 일도 살아가면서 필요하고, 받아들여야 한다.

부자가 되는 사람은 이런 기술을 절묘하게 잘 구분해서 쓴다. 일단 마음이 맞는 사람을 가려내는 감각이 예민하다. 타고났다기보다 일상에서 '진심으로 사귀는 사람'과 '필요한 범위만큼만 사귀는 사람'을 구별해 관계를 맺으며 갈고닦았기 때문이다.

그렇게 갈고닦은 감각을 작동시켜 감이 확 오는 사람과의 만남을 지속하다 보면 인생의 가능성이 활짝 열리고 마음은 물론 주머니까지 여유로운 행복한 부자가 되어간다.

우리가 목표로 할 것은 그런 인생이다.

02

부자들은
특별한 눈을 가졌다
: 사소한 것에서 발견하는 됨됨이

✳ 첫 번째:
일상의 태도

【○】 늘 기분 좋게 대답한다

"이거 빨리 좀 부탁해요."

상사가 이렇게 말했을 때 뭐라고 답하는 게 좋을지 사람들에게 물으면 "뭐라 답해야 할지 잘 모르겠네요. 그냥 '네'라고 하겠죠"라고 말하는 사람이 많았다. 하지만 그 "네"라는 답에도 뉘앙스 차이가 있음을 알고 있는가?

같은 "네"라도 밝고 활기차게 "네!" 하고 답하는 경우가 있고, "네~에" 하고 대답이 길게 늘어지거나, "네네…" 하며 무심히 답하는 경우도 있다. 두 번째나 세 번째처럼 답하면 상사는 '뭐야, 의욕이 없네'라고 판단할 것이다.

상대방의 말에 호응하는 모습에는 심정, 인품, 기분, 자세 등이 고스란히 드러난다. 그러니 직장이나 거래처에서 대화할 때는 물론이고 평소 대화할 때도 가능하면 기분 좋게 답을 해보자. 물론 누구나 그렇게 하려고 마음을 먹을 것이다.

그렇다면 우리는 아내나 남편, 부모나 자식이 말을 걸었을 때는 어떻게 대답하고 있을까? 신경을 써서 답하지 않거나 "알겠어, 알겠다고. 거참 시끄럽네" 하는 식으로 반응하지는 않았는가? 평소 이렇게 답을 하다 보면 중요한 비즈니스 상황에서도 무심코 비슷한 말투가 나올 수 있으므로 세심하게 신경을 써야 한다.

고객과 상담을 할 때도 중간중간 "네, 그러시군요. 알겠습니다"라고 또렷하게 호응해주면 고객은 '내가 말하는 바를 확실히 듣고 이해하고 있구나' 하는 인상을 받기 때문에 신뢰가 한층 더 깊어질 것이다.

【×】 솔직하게 감정을 표현한다

"요즘 날씨 너무 더워. 정말 기분 나쁘게."

이런 사람은 겨울이 되면 이렇게 말하기 마련이다.

"요즘 너무 춥다. 진짜 싫어. 추운 건 질색이야."

결국 이런 말을 하는 사람은 눈앞의 현실이 어떠하든 다 마음에 들지 않는다는 걸 표현한 것이다. 그렇게 생각을 입 밖으로 바로 꺼낸다. 어리광을 부린다고 해야 할까? 백번 양보해 좋게 이해하면, 이의제기라고 해야 할까? 이런 사람은 부자뿐만 아니라 그 어떤 사람도 가까이 하는 것을 꺼려할 것이다.

세상은 무엇이 되었든 마음처럼 '적당히 좋게 좋게' 돌아가지 않는다. 날씨뿐만 아니다. 험난한 구직 활동을 거쳐 간신히 합격 통지를 받았더라도, 실제로 입사하면 업무는 힘들기만 하고 연봉은 짜다.

오랜만에 만난 친구에게 자신도 모르게 계속 불평을 늘어놓지는 않았는가? '이거 완전히 내 이야기네'라는 사람도 있을 것이다.

세상은 그런 법이다. 아니, 도저히 납득할 수 없는 일이 훨씬 많이 생긴다. 불운이 닥쳐오는 일도 있고, 부조리한 일도 겪기 마련이다. 하지만 불평한들 아무런 소용이 없다. 마음에 들지 않는 일이라고 불평한들 원하는 대로 바뀔 리 없지 않은가?

입장을 바꿔서 생각해보자. 제아무리 나의 속마음을 잘 아는 친구나 동료라고 해도 두서없이 장황하게 늘어놓는 불평을 듣는다면 결코 유쾌할 수 없을 것이다. 그런 이야기는 듣는 사람의 기분까지 침울하게 만들어버린다.

"물론 상황은 다르지만, 나도 비슷한 일이 있어서 네 마음을 충분히 이해할 수 있을 것 같아. 자, 이제는 한잔하면서 기분을 풀어보자. 지금 이 순간부터는 불평하기 않기! 오늘은 불평하는 사람이 술 사는 거다."

분위기를 바꾸기 위해 이런 말을 꺼내는 사람이 있다고 해보자. 나중에 부자가 되는 것은 틀림없이 이런 사람이다.

【○】　유머 감각이 있다

부자가 피하는 것은 불만 가득한 사람만이 아니다. 아무리 유능해도 밝지 않은 사람은 절대로 잘되지 않는다고 단언할 수 있다. 누구나 인생을 살다 보면 문제를 마주하거나, 실패하기 마련이다. 그럴 때 어둡고 가라앉은 공기를 털어내고 기분을 밝게 변화시키는 것이 바로 유머다.

유머humor의 어원은 인간human이라는 설이 있다. 괴로운 일, 힘든 일이 일어났을 때 짧은 농담으로 웃음을 유도하면 짧은 시간 내에 분위기를 전환할 수 있다. 지극히 인간적이고, 현명하며, 지혜로운 행위라고 할 수 있다.

특히 영국인은 유머 감각을 높이 평가한다. 필요한 순간에 적절한 유머를 구사하지 못하면 '신사', '숙녀'로 인정받지 못한다는 말이 있을 정도다. 미국도 유머가 부족한 인물은 존중받지 못한다. 그래서 오바마 전 대통령은 농담을 전담하는 스피치 라이터가 있었을 정도다.

이에 반해 동양인은 유머 감각이 부족하다는 말을 듣곤 한다. 그렇지만 정계나 재계에서 정상의 자리에 오른 사람은 상황에 맞춰 익숙하게 유머를 잘 활용한다.

일본의 역대 수상 중 유머가 넘쳤던 사람은 단연 고이즈미 준이치로다. 그는 우정공사의 민영화에 반대하는 중의원을 해산한 '우정 해산' 기자회견 당시 "경제 단체 연합회 회장과 만나 술을 제법 마시고 왔다"고 밝혔다. 이 발언을 들은 기자단에서 "충분히 더 마시지 그러셨어요"라고 비꼬자 고이즈미가 이렇게 받아쳤다.

"술은 절도를 지켜야지요."

다소 거북해질 수 있던 상황에 돌발적으로 나온 유머 섞인 대답에 기자단에서는 웃음이 터졌다. '기자회견장에 술이 덜 깬 채 나타났다'고 말하고 싶었던 기자단을 오히려 머쓱하게 만든 것이다.

소프트뱅크의 손정의 회장도 때에 맞게 유머 감각을 빛냈다. 한번은 탈모를 이유로 SNS에서 야유 섞인 메시지를 받자 이렇게 되받아쳤다.

"나의 머리카락이 후퇴하는 것이 아닙니다. 나 자신이 빠르게 전진하고 있는 것입니다."

【×】 아재 개그를 즐긴다

유머 감각도 노력하기에 따라서는 얼마든지 갈고닦을 수 있다. 평소 TV나 잡지, SNS를 보다가 '센스가 좋은데' 하고 생각되는 내용을 보면 메모를 해두자. 그렇게 하다 보면 자연스럽게 유머의 재료가 늘어나 있을 것이다.

나 자신의 유머 구사 능력만큼 중요한 것이 있다. 바로 상대방이 구사한 유머에 반응하는 것이다. 혹 유머의 내용이 부족하고 재미없더라도 크게 반응하며 웃어주는 것도 중요하다. "즐거워서 웃는 것이 아니다. 웃으니까 즐거워지는 것이다"라는 말도 있지 않은가.

딱딱한 분위기의 회의 자리가 슬슬 마무리될 무렵 재치 있는 유머 한마디와 함께 웃으며 끝낼 수 있다면 틀림없이 회의 참석자들에게 깊은 인상을 줄 수 있을 것이다.

✴ 두 번째:
소통의 자세

【○】 **민첩하게 행동한다**

편집 작업은 주로 팀을 편성해서 처리하는데 한번은 팀의
리더 격인 편집장을 맡은 적이 있었다. 이때 행동으로 옮기
는 것이 빠른 사람과 답은 잘하지만 막상 작업에 착수하는
것은 느린 사람의 경우 업무에서 차이가 크게 벌어진다는
것을 깨달았다.

예를 들어 매일 아침에 하는 정기 회의를 마치고 "자, 오
늘도 열심히 합시다!"라고 한 뒤 각자 책상으로 돌아갔다

고 하자. 자리에 앉아 자료를 정리하면서 기분을 전환하는 것은 나쁘지 않다. 문제는 그때부터다. 30분 가까이 스마트폰을 만지작거리며 쉽사리 시동을 걸지 못하는 사람이 있다. 좋은 상사가 되고 싶어서 굳이 일일이 주의를 주지 않았지만, 이런 사람은 담당하는 작업의 진행이 지연되어 팀 전체의 진행 속도에 맞추지 못하는 일이 종종 발생하게 된다.

이메일 회신은 기분 좋게 보내지만, 바로 행동으로 옮기지 않는 사람이 있다. 물론 다른 일로 쉴 틈이 없다면 어쩔 수 없다. 만약 그럴 때는 "지금은 먼저 처리 중이던 업무로 여유가 없으니 그 업무가 끝나는 대로 처리해도 될까요?" 처럼 현재 상황을 설명하고 양해를 구하도록 하자.

다음 날이 되어도 회신이 없으면 혹시라도 어떤 문제가 생겨서 이메일 발송이 제대로 되지 않았는지 신경이 쓰인다. 그렇다고 "어제 이메일을 보냈는데"라며 재촉하는 이메일을 또 보내는 것도 주저하게 된다.

내가 워낙 성급한 탓이라고 한다면 할 말이 없지만 그래도 반응이 빠른 사람, 바로 행동에 옮기는 사람이 더 유능하다고 자신 있게 말할 수 있다.

[✕] 이메일에 온 정성을 쏟는다

나는 아침 일찍 이메일을 보냈는데 저녁이 되도록 답장이 없으면 상당히 초조해진다. 상대방을 책망하고 싶은 게 아니라 혹시라도 내가 실수를 했나 싶은 것이다. 그러면 나는 상대방의 이메일 주소를 다시 확인하거나, 혹시라도 답장이 왔는지 몇 번씩 확인하게 된다. 몹시 마음을 졸이면서 말이다.

나처럼 걱정이 지나친 사람만 있는 것은 아니겠지만, 이메일을 받으면 가능한 한 그날 중에 현재 시점에서 할 수 있는 최선의 내용으로 답을 하는 것이 좋다.

나는 프리랜서로 일하다 보니 여러 회사와 친분을 쌓았다. 또한 프리랜서 디자이너나 카메라맨과도 협업할 일이 종종 생겨서 이메일을 주고받는 사람의 수가 제법 된다. 따라서 이메일도 자주 확인하게 되고 보낸 이메일에 그날 중 답장이 없으면 안절부절못한다. 이처럼 이메일에 회신이 늦어지면 이메일을 보낸 사람이 초조해지므로 평판에 악영향을 줄 수 있다.

"가능하면 다음 미팅에 ○ ○ ○ 부장님도 동석하실 수 있을까요? 다음 주 중이라면 언제라도 괜찮겠습니다. ○ ○ ○ 부장님의 일정에 맞추겠습니다."

이런 내용을 담은 이메일을 받았다고 하자. 하지만 부장의 답변을 듣지 않고서는 답장할 수 없으나 일단 다음과 같이 답장을 보내는 것이 좋다.

"이메일 확인했습니다. 저도 ○ ○ ○ 부장님이 동석하셔야 더 원활히 이야기할 수 있을 거라고 생각합니다. 배려에 감사드립니다. 다만 빠르게 답변을 드리고 싶으나 공교롭게도 부장님이 지방 출장 중이십니다. 내일은 사무실에 출근하실 예정이니 오시는 대로 확인해서 답을 드리겠습니다. 조금만 더 회신을 기다려주시겠어요?"

이런 자상한 배려가 가능한 사람이라면 상대방도 틀림없이 좋게 평가할 것이다.

이메일은 실무적이고 구체적인 정보를 주고받는 커뮤니케이션 수단이다. 그래서 문장 하나하나에 특별한 공을 들일 필요는 없다. 그렇다고 사무적으로 쓰기만 하면 되는 것도 아니지만, 사적인 편지처럼 정서적인 표현이나 미사여구를 늘어놓을 필요는 없다.

또한 이메일이 장황해지면 가독성이 떨어져서 정작 중요한 내용은 제대로 전달되지 않을 수도 있다. 만약 이메일 내용이 길어질 것 같다면 기획 내용과 미팅 요약본 등을 파일로 첨부하면 내용 파악에 도움이 될 것이다.

고작 이메일이라고 해서 무시해서는 안 된다. 상대는 한 통의 이메일을 통해 업무 능력과 몸에 밴 비즈니스 매너까지도 헤아리고 있음을 잊지 말자.

이메일 한 통이 그 사람의 인상을 크게 좌우하고 그로 인해 그 사람의 미래가 달라진다. 이것도 마음에 새겨두자. 결코 과장이 아니다. 사람의 평가는 이런 사소한 일들이 쌓여서 정해진다.

[○]　　상대방의 말을 잘 들어준다

어떤 사람이든 몇 번쯤 만나다 보면 자연스럽게 상대방에 대한 정보를 알게 된다.

한 번은 미팅 자리에서 상대방이 문득 창밖의 하늘을 올려다보며 이렇게 말했다.

"오늘은 날씨가 좋군요. 낚시하기 딱 좋은 날이에요. 요즘 도쿄 앞바다에서는 큰 바다 배스가 잡히거든요."

그 순간 상대가 얼마나 낚시를 좋아하는지 짐작이 갔다.

다른 미팅 자리에서는 헤밍웨이 이야기가 나오자 대화는 헤밍웨이가 좋아했던 쿠바로 자연스럽게 흘러갔다.

"언젠가 쿠바에 가고 싶어요."

이런 사람의 경우 마음을 움직일 수 있는 키워드는 '헤밍웨이' 혹은 '쿠바'가 된다.

평소 대화 중에 귀에 들어오는 이런 말을 놓치지 말고 자신의 정보 파일에 저장해놓자. 그리고 이때다 싶은 타이밍에 "오늘 저녁에 시간 어떠세요?"라고 권유해보자. 물론 사전에 쿠바 요리와 헤밍웨이가 마셨던 다이키리 칵테일,

모히토를 즐길 수 있는 가게를 찾아두자.

이처럼 듣는 능력이 뛰어난 사람은 비즈니스에 관한 대화 중에도 상대의 마음에 들어가 핵심을 빈틈없이 파악해 최상의 결과로 이끌고는 한다.

말을 술술 풀어내면서 분위기를 흥겹게 하는 사람은 언뜻 인간관계에 능숙한 사람처럼 보인다. 하지만 정말 능숙한 사람은 오히려 말수가 적은 경우가 많다. 대신 능숙하게 호응하면서 상대의 기분과 입을 부드럽게 풀어준다.

능숙하게 대화하려면 자신이 듣고 말하는 비율이 얼마나 되어야 할까? 5 대 5일까? 아니면 3 대 7 정도일까? 둘 다 정답은 아니다. 무려 듣기가 90%, 말하기가 10%다. 대부분 상대가 말하게 하는 것이 능숙한 대화법이라는 뜻이다. 대다수는 이보다 두세 배 많이 이야기한다. 내일부터는 말하고 싶은 기분을 꾹 억누르고 듣는 데에 좀 더 무게를 두자. 실제로 이 정도 비율로 대화해야 상대방은 듣고 말하는 비율을 5 대 5 정도로 인식한다고 한다. 사람의 심리는 그만큼 자기중심적으로 작용한다는 것을 기억해두자.

【X】 모든 것을 책임진다

유명 대학 출신으로 대학을 대표하는 얼굴로도 뽑히기도 했던 한 지인은 어디에서나 눈에 띄는 존재감을 자랑했다. 그는 사회인이 된 뒤에도 주어진 업무를 훌륭히 해내며 눈부신 성과를 자랑했다.

최근에는 예전과 달리 승진이나 평가에 있어 남녀 차이가 존재하지 않는 곳이 대부분이다. 주변 사람들은 그가 빠르게 관리직에 앉을 것이라고 예상했는데, 의외로 그를 좋게 평가하는 상사가 별로 없어서 승진하는 데 어려움이 있는 듯했다.

이유를 살펴보니 노력파인 것은 좋지만, 무슨 일이든 직접 처리하려는 성향이 강했다. 그러다 보니 아무리 수세에 몰려도 나약한 소리를 하지 않았다. 한번은 궁지에 몰린 것을 알아차린 동료가 도움을 주려고 했지만, 그가 한사코 거부했다.

"뭐 좀 도와드릴까요? 도움이 될 만한 일이 없을까요?"

"아니요, 괜찮아요. 혼자서 할 수 있어요."

이런 모습을 본 상사는 의아함과 걱정하는 마음을 가졌을 것이다.

만약 자신의 한계를 느낀다면 "혹시 시간이 되시면 도와주시겠어요?"라고 말하며 적극적으로 주변의 힘을 빌리는 사람이 좋은 성과를 낼 수 있는 법이다. 조직이란 그러기 위해 존재하는 것이다.

아무리 실력이 뛰어나도 혼자서 처리할 수 있는 일에는 한계가 있다. 그 한계를 인정하고 궁지에 몰리기 전에 도움을 요청하는 사람이 되자. 상사가 높이 평가하는 사람은 그런 사람이다.

✱ 세 번째:
진심의 표현

【○】   예절이 몸에 배어 있다

내가 만났던 성공한 사람들은 "가문보다 가정 교육이 중요
하다"라고 말하곤 했다. 인간성의 바탕은 가문이나 신분보
다 어린 시절부터 어떤 예의범절을 배웠고, 어떤 교육을 받
으며 자라왔는지에 따라 정해지기 때문이다. 이때 기억할
것은, 성장 배경이 꼭 부유함의 문제가 아니라는 점이다.
경제적으로는 여유가 없는 가정이라도 예의범절은 얼마든
지 배울 수 있다.

어떤 가정에서는 "식사를 할 때는 공손하게 '잘 먹겠습니다'라고 한 뒤에 먹기 시작하는 거란다" 하며 가르치기도 한다. 사소한 예일 수 있지만 작은 부분에서부터 공손한 태도를 연습한 사람은 어른이 되어도 어딘가가 다르다. 이렇게 일상의 행동이나 배려가 확실히 몸에 배어 있는 사람을 보면 우리는 "잘 자랐다"라고 평가한다. 적어도 나는 그렇게 정의하고 있다.

예의범절은 자연스럽게 몸에 배는 것이므로 하루아침에 터득하기는 어렵다. 그렇지만 매일 신경 쓰면 서서히 달라지는 것을 기대할 수 있다. 이런 태도가 몸에 배면 상대방에게 서류를 건넬 때도 읽기 쉬운 방향으로 건네게 되고, 식사를 하는 자리에서도 자연스럽게 상대방을 배려하며 식사를 하게 된다.

이런 행동은 반드시 누군가의 눈에 띄어 예기치 않게 좋은 업무에 발탁되는 등 생각하지 못한 행운을 부를 수도 있다.

'가문보다 가정 교육이 중요하다'고 해서 부모 탓을 하면 안 된다. 자신이 보기에 느낌이 좋은 행동이나 매너를 보면 그렇게 할 수 있도록 신경 쓰고, 부족한 부분이 있으면 보완하면서 발전시키면 분명히 반듯하게 자란 사람이 될 수 있다.

부자들은 주변 사람을 재빠르게, 정확히 관찰하는 눈을 가지고 있다. 우리는 눈치채지 못한 사이에 부자들로부터 엄격한 검증을 받고 있을지도 모른다.

【✕】　물건을 거칠게 다룬다

카페나 레스토랑을 가면 외투나 가방 등을 보관할 수 있는 공간이 마련되어 있다. 이런 곳에 물건을 보관하는 모습은 주변 사람의 눈에 잘 띈다. 의외로 쉽게 간과하기 쉬우니 조심해야 한다.

가만히 보니 옷을 벗은 그대로 마구 두는 사람, 대충 둘둘 말아서 넣는 사람도 제법 많았다. 그런가 하면 잘 뒤집어서 소매를 안쪽으로 접은 다음 가볍게 접어서 정리하는 사람도 있었다. 옆에서 보고 있으면 역시 소매를 잘 접어 정리한 사람에게 가장 호감이 생긴다.

정성스레 접으려면 시간이 많이 걸리고 번거롭다고 할 수도 있다. 하지만 대충 둘둘 마는 것과 비교했을 때 과연 몇 초나 차이가 날까?

가방에서 꺼낸 손수건이 꾸깃꾸깃한 사람도 다른 사람에게 그다지 좋지 않은 인상을 준다. 왜냐하면 외투나 손수건 등을 거칠게 다루는 사람은 다른 물건도 거칠게 취급할 가능성이 높기 때문이다. 그런 사람들의 기획서나 회의용 자료를 보면 끝이 말려 있기 마련이고, 책상 서랍은 어수선하다. 그래서 항상 물건을 찾는 데 시간을 쓰느라 업무 능률이 몹시 떨어진다.

솔직히 말해서 나도 물건을 거칠게 다루는 편이다. 외투는 물론이고, 남 앞에서 꾸깃꾸깃한 손수건을 꺼낼 때면 부끄럽기 그지없다. 서랍 속도 항상 난잡하다. 그래서 항상 무언가를 찾으려면 정신이 없다.

"하나를 보면 열을 안다"라고 했다. 나처럼 행동하는 사람이라면 평소에도 작은 것 하나하나에 정성을 들이고, 물건을 소중히 다루자고 다짐하면서 서서히 달라지기 위한 노력을 거듭해보자.

내가 만난 부자들은 예외 없이 물건을 정성껏 다루었고 성품이 자상했다. 부자들을 만나러 갔을 때 그들이 외부에서 돌아와 옷을 정리하는 모습을 보면 대개 스스로 옷걸이에 옷을 잘 걸어두었다. 게다가 익숙한듯 외투의 어깨를 옷걸이에 맞춰서 걸고, 옷단을 가볍게 잡아당겨서 걸려 있는 옷이 깔끔하게 보이도록 했다. 다시 입을 때 주름이 이상하게 지지 않도록 하는 것이었다.

　나는 외투를 무신경하게 비서에게 건네는 사람, 자기 손으로 잘 정리하는 사람 중에 스스로 정리하는 모습이 훨씬 유능하게 보였다. 지위가 높은 사람이 이런 부분에도 정성을 들인다는 점은 무척 인상적이었다.

나는 경영 관련 책이나 기업을 소개하는 책을 많이 만들다
보니 지인 중에 경영자 혹은 부자가 많다. 최근 만난 한 사
장은 엄청난 부자로 생활비와 용돈 외에 매달 자유롭게 쓸
수 있는 돈이 수천만 원에 달할 정도였다. 그는 그 돈을 전
부 개발 도상국을 지원하는 데 사용했다.

그랬던 그가 부자가 된 계기는 고객의 "감사합니다"라는
말이 자신의 심금을 울렸기 때문이라고 말한 적이 있다.

가업인 주류 판매점을 이어받은 그는 배달을 하러 간 곳
에서 잡담을 나누다가 상대방이 어떤 부탁을 하면 마치 가
까운 친척처럼 들어주곤 했다.

"이번에 내 딸이 결혼을 해요. 혹시 근처에 살기 좋은 집
알아요?"

이런 부탁을 받으면 배달을 하면서도 적당한 매물을 찾
아다녔고 일부러 집주인까지 만나 조건을 알아보고서 정보
를 전달하기도 했다. 그렇게까지 신경을 쓰자 상대방은 크

게 고마워했고 "감사합니다"라는 말을 몇 번씩 들을 수 있었다.

감사하다는 말이 듣기 좋았던 그는 계속해서 부탁을 받아들였다. 그러는 동안 '이렇게 자주 부탁을 들어줄 바에야 아예 사업으로 해보면 어떨까?'라는 생각을 했다. 그래서 결국 주류 판매점 한쪽에 부동산 전용 전화를 놓고 임대 매물 알선을 시작했다. 이후에도 거래처 사람들은 그에게 잇달아 부탁을 해왔고, 한쪽 구석에서 전화 한 대로 시작한 부동산 중개업은 어느새 본업이 되었다.

그렇게 시작한 부동산 중개업은 연 매출 2조 7,000억 원, 산하에 18개 자회사를 거느린 대기업으로 성장했다.

그런 성공의 원천은 앞서 말했던 것처럼 "감사합니다"라는 말 한마디였다.

"감사 표현만큼 특별한 힘이 있는 말은 없어요. 듣는 쪽은 물론이고 말하는 쪽의 기분도 좋아져서 행복해지니까요."

그 사장은 입버릇처럼 "감사합니다"라고 말한다. 이메일의 서두에도 "항상 감사합니다"라고 쓰고, 전화를 받을 때도 다들 그러듯 "여보세요"라고 하지 않는다. "아, ○○○

씨. 항상 감사합니다." 이런 식으로 말한 다음 본 용건으로 들어간다.

　"감사합니다"라는 말은 상대방에게 감사의 마음을 전하는 표현이므로 어떤 경우에도 그 자리의 분위기를 따뜻하게 하는 힘이 있다. 무척 복잡한 상황이라 처리하는 데 상당한 시간이 필요했던 일을 겨우 정리해 땀투성이로 회사에 돌아왔는데 "왜 이렇게 늦었어요?"라며 갑자기 핀잔을 듣는다면 누구라도 기분이 상할 것이다.

　하지만 같은 상황에서도 이런 말을 들으면 기분이 전혀 달라진다.

　"고마워요. 그 성가신 고객사를 용케도 납득시켰네요. 시간이 꽤 걸린 걸 보니 힘들었죠? 꽤나 고생했겠어요."

　나도 그 사장의 이야기를 들은 후로는 대화를 "감사합니다"로 시작하려고 하고 있다.

[○] 필요할 때 다시 감사를 표한다

아무리 감사 표현이라도 지나치게 남발하는 사람이 나중에 부자가 될 리는 없다. 재차 감사 표현을 하는 것은 무언가를 받았거나 신세를 진 후 다시 만났을 때 잊지 않고 인사할 때 해당한다.

"일전에는 여러모로 신세를 졌습니다. 감사했습니다."

"얼마 전에 좋은 선물을 주셔서 정말 감사했습니다. 우리 가족 모두 정말 맛있게 먹었어요."

다시 하는 감사 표현은 어떤 의미에서는 처음보다 훨씬 깊은 인상을 준다. 한동안 시간이 흘렀음에도 지난 일을 기억하고 있으며, 그 일이 그만큼 기분을 좋게 했음을 표현하기 때문이다. 또한 그 정도로 상대방과의 관계가 깊고, 상대방을 소중히 여긴다는 마음도 전할 수 있다.

인간관계에서 이렇게까지 세세하게 배려하는 사람은 반드시 무언가를 해낼 수 있는 사람이라고 해도 과언이 아니다.

어쩌면 당연한 이야기지만, 다시 하는 인사가 상대방에게 깊이 각인된다는 점은 비단 감사에만 한정된 것이 아니다. 가령 상대방으로부터 이런 이야기를 들었다고 하자.

"어머니의 몸 상태가 조금 안 좋아지셔서 이번 주말에는 고향에 다녀오려고 해요."

이런 경우라면 다음에 다시 만났을 때 이렇게 물어보면 어떨까?

"전에 어머님 몸이 안 좋으시다고 하셨는데, 지금은 좀 어떠세요?"

그러면 상대방은 "지난번에 스치듯 한 이야기를 어떻게 기억하시고…. 감사합니다"라고 반응하며 나에 대한 평가가 훨씬 좋아질 것이다.

다만 상대방의 개인적인 이야기라면 회의처럼 다수가 모인 자리에서는 말을 아껴야 한다. 혹은 그렇게까지 친분이 깊지 않다면 굳이 입 밖으로 꺼내지 않는 편이 나을 수도 있다. 장소, 상대와의 관계 정도 등을 감안해 표현 하나까지 달라져야 한다. 이것은 인간관계의 기본 열쇠다.

인사를 하거나 본론에 들어가기 전의 대화는 임기응변

이 필요할 수도 있다. 순간순간의 분위기를 읽어낼 수 있는 사람이야말로 인간관계의 질을 크게 변화시킬 수 있는 법이다.

✳ 네 번째:
언어의 기술

【○】 미소 짓게 하는 화제를 끌어낸다

어느 평론가와 일하면서 있었던 일이다. 그는 TV 출연, 주간지 연재, 강연으로 눈코 뜰 새 없이 바쁜 사람이었다. 그런데도 어떤 지역이든 강연을 위해 방문하게 되면 가급적 전날 미리 도착해 그 지역의 명소에 가보거나 유명한 음식을 먹어본다고 했다. 그리고 강연에서 그 경험을 활용해 청중의 이목을 확 끈다. 사람들은 누구나 자신이 살고 있는 지역에 남다른 관심을 보이는 것을 매우 좋아하기 때문이다.

"어제 저녁에 저는 무엇을 먹었을까요? 이 지역 명물인 블랙 라멘이었습니다! 처음 봤을 때는 국물이 너무 까매서 움찔했지만, 한 입 맛보니 정말 맛있더군요. 여러분은 행복하시겠어요. 이런 맛있는 라멘을 원한다면 언제나 먹을 수 있으니까요. 부러워요!"

이런 이야기만 꺼내도 청중의 마음을 사로잡기에 충분하다. 참고로 블랙 라멘은 진간장으로 만들어 국물이 까만 라멘으로 도야마 지역의 명물이다.

영업은 물론이고 중요한 사람과 이야기를 나눌 때 이런 기술을 활용한다면 성공률은 압도적으로 높아지기 마련이다.

이런 기술이 필요한 경우는 처음 만났을 때뿐만이 아니다. 만날 때마다 재미있는 화제로 분위기를 끌어올린 다음 본론으로 들어가면 그것만으로 상대를 깊이 배려한다는 인상을 줄 수 있다. 이런 사람은 어디에 가든 환영받기 마련이므로 인간관계의 폭이 점점 넓고 깊어진다. 그렇게 되면 일과 생활에서 모두 큰 만족감을 얻을 수 있다.

【○】 올바른 높임말을 사용한다

최근에는 높임말을 제대로 쓰지 못하는 사람이 많다. 그저 문장의 뒤에 '~입니다', '~합니다'만 붙이면 된다고 생각하는 사람도 있는 듯하다. 높임말은 사실 생각보다 복잡해서 구체적으로는 존경어, 겸양어 등으로 나눌 수 있으며 대화 상대와 상황에 따라 정확하게 구사해야 한다.

높임말을 정확히 구사하는 데 자신이 없는 사람이 많은 것도 이해된다. 그럼에도 많은 사람이 올바른 표현을 하려고 노력하지 않는 것 같다. 그러다 보니 적당히 정중한 말투로 대충 넘어가려는 사람이 늘어나고 있다. 지나치게 정중한 표현은 오히려 우스꽝스럽게 들릴 수도 있다는 것을 기억하자.

예를 들어 카페에서 주문한 음료가 나왔을 경우 "음료 나오셨습니다"라고 하는 경우를 본 적이 있다. 이 표현은 손님이 아니라 음료를 높이는 표현이므로 "음료 나왔습니다"라고 해야 맞다.

또한 실수했을 때 보통 "미안합니다"라고 한다. 하지만 윗사람에게는 "죄송합니다" 혹은 "실례했습니다"라고 하는 것이 더 정중한 느낌을 준다.

흔히 인사말 대신에 "수고하세요"라고 말하는 경우가 있는데 '수고'라는 표현에는 '일을 하느라 애를 쓴다'는 뜻이 있으므로 윗사람에게는 그다지 적절하지 않다. 또한 "수고하세요"라는 표현 자체가 수고를 계속하라는 의미로도 해석될 수 있어 엄밀히 따지면 인사말로는 적합하지 않기도 하다.

다른 사람의 결점을 보고 자신의 결점을 고치라고도 한다. 주변 사람의 말투를 듣고 이상하다는 생각을 했다면 올바른 표현이 무엇인지 찾고 익숙해지도록 연습하는 습관을 들이자.

스마트폰에 국어사전 앱을 설치해두면 외출하거나 이동하는 중에 찾아보면서 시간을 효과적으로 활용할 수 있다. 그렇게 사전에서 찾은 표현은 몇 번씩 작은 목소리로 중얼거리면서 익숙해지도록 연습하는 습관을 들여보자. 그것만으로도 어느새 올바르고 느낌 좋은 말투를 익힐 수 있을 것이다.

【○】 자연스러운 칭찬을 한다

단 한 명이라도 사람을 관리하는 조직의 장이 되면 다소 거만한 말투로 아래 사람을 대하기 쉽다. 상사가 되었다고 해서 일부러 거만하게 굴겠다고 다짐하지는 않았을 것이다. 조직의 상사로서, 인생의 선배로서 조금이라도 빨리 성장했으면 하는 마음에 조급해진 것인지도 모른다. 그렇다면 나무라는 말투는 결코 추천할 것이 되지 않는다. 이러한 방식은 역효과가 날 뿐임을 명심하자.

정신과 의사이면서 특별한 유머 감각을 갖춘 유명 에세이 저자인 사이토 시게타는 이렇게 말했다.

"만약 당신이 관리하는 직원이 있다면 100번 꾸중하기보다 1번 칭찬하는 편이 그 직원을 크게 성장시킨다는 것을 마음에 새겨라."

나는 사이토 선생과 여러 차례 함께 일을 했다. 그는 매번 과장하지 않고 자연스럽게 칭찬해주고는 했다. 기획서를 검토할 때면 늘 그가 먼저 꺼낸 말은 칭찬이었다.

"오, 이 제목 괜찮네요."

나는 '마음에 드신 건가?'라고 생각했지만, 이후 기획서가 너덜너덜해지도록 피드백을 받았다. 그렇지만 칭찬을 받으면서 기분 좋게 대화를 시작했기 때문에 다시 검토해 보자는 의견이 나왔어도 침울해지지 않을 수 있었다. 그와는 반대로 오히려 한층 더 의욕이 샘솟았다.

이렇게 칭찬은 상대방의 의욕을 끌어내고 매사에 적극적으로 행동하게 만드는 긍정적인 분위기를 만들어낸다.

참고로 사이토 선생은 아내가 손수 만든 요리를 먹을 때도 맨 처음에는 무조건 칭찬을 한다고 한다. 한 입 먹으면 바로 "아, 맛있네!"라고 말이다. 혹시라도 음식의 간이 맞지 않아 짜게 느껴진다면 나중에 이렇게 덧붙인다고 한다.

"나도 이제 많이 늙어서 염분을 좀 줄이는 게 좋겠어."

이렇게 말하면 아내 분도 화를 내지 않는다고 한다.

상대방이 좀 더 주의했으면 하는 점이나 고쳐야 할 점을 전달하고 싶을 때는 사이토 선생을 본받아서 칭찬 한마디를 먼저 하자. 그리고 그 후에 본론으로 들어가자. 이렇게 하면 말하는 자신은 좋은 인상을 얻을 수 있고, 자칫하면 기분이 상할 수 있는 상대방도 이야기를 흔쾌히 듣고 문제점을 개선할 수 있다. 일석이조의 해결책이 아닐 수 없다.

능숙한 칭찬은 이처럼 자연스럽게 사람을 매혹시켜 내가 바라는 결과를 끌어낸다. 성공을 이끌어내는 칭찬을 좀 더 능숙하게, 좀 더 자주 사용하자.

【✕】 겉치레로 칭찬을 한다

사실 우리는 자기 자신에 대해서는 물론이고, 주변 사람을 칭찬하는 데에도 인색하다. 그렇다 보니 칭찬이 익숙하지 않은 게 사실이다. 마음은 열심히 칭찬하고 싶지만, 경박한 겉치레처럼 들릴까 싶다는 생각을 하다 보니 오히려 어색해지는 일조차 있을 정도다.

어느 사장의 사무실에 방문했을 때, 벽에 걸려 있는 큰 그림 한 점이 눈에 들어왔다.

"이건 샤갈의 작품인가 보네요? 저도 그림을 꽤 좋아합니다. 그중에서도 샤갈을 정말 좋아해요. 얼핏 보면 못 그린 그림 같으면서도 무언가 매력이 느껴지거든요. 이러한 거친 선은 샤갈만의 독특한 세계죠."

사실 그림에 대해서는 아무것도 모른 채 지레짐작으로 말을 했는데, 나중에 알고 보니 그 그림은 사장이 직접 그린 것이었다. 이런 경우는 사장의 그림을 샤갈의 그림으로 착각할 정도로 솜씨가 좋다고 해석해 긍정적으로 얼버무릴 수 있었지만, 등줄기가 서늘해지는 경험이 아닐 수 없었다. 그때의 경험 덕분에 마음에도 없는 겉치레 말은 아예 입에 올리지 않는 편이 낫다는 교훈을 얻었다.

능숙하게 칭찬하려면 단 한 군데라도 좋으니 구체적으로 무엇이 좋은지 진심으로 이야기하자. 어떤 사소한 것이라도 좋다.

예를 들어 신입 사원이 처음으로 출장 보고서를 작성해 보고했다고 하자.

"뭐, 이 정도면 나쁘지 않네요. 잘 정리했어요. 수고했습니다."

이런 말은 당사자가 듣기에 지나치게 무난해서 힘이 빠진다. 이보다는 좀 더 구체적인 칭찬이 필요하다.

"거래처 담당자의 반응이 어땠는지 생생하게 느낄 수 있었어요. 훌륭한 보고서였습니다."

이렇게 칭찬하면 그 신입 사원은 내심 '해냈다!'라며 쾌재를 부를 것이다.

상대에게 건네는 말에 기대나 애정이 담겨 있었는가? 그러한 말 속에서는 칭찬의 품질을 읽어낼 수 있다.

"짧은 출장이었는데도 용케 이렇게까지 고객사를 세밀하게 파악했네요. 예전부터 상대방의 기분이나 생각을 읽어내는 재능이 있다고 기대했었는데. 역시, 내 판단이 틀리지 않았어요."

이렇게까지 말하면 그 신입 사원의 마음을 단번에 사로잡는 최강의 칭찬이 된다.

"꾸짖음과 칭찬은 사실상 같은 말이다. 열정과 애정이 없다면 잘 되길 바라며 꾸짖는 말도 상대방에게는 그저 화내는 모습으로 기억될 뿐이다."

일본의 전설적인 프로 야구 선수였으며, 훗날 명 감독이 된 노무라 가쓰야가 남긴 말이다. 역시 사람을 성장시키는 명인으로 정평이 나 있는 사람이기에 할 수 있는 말이다.

03

부자들의 시간은
빠르게 흐른다

: 비교할 수 없는 최고의 자산, 시간

✳ 첫 번째:
지각은 범죄다

[×]　시간에 집착하지 않는다

지속적으로 관계를 맺어온 한 사장이 어느 날 단호한 말투로 이렇게 말했다.

"나는 시간관념이 허술한 사람만큼은 받아들일 수 없어요."

그러면서 지각은 절대 용납할 수 없다는 생각을 밝혔다. 비즈니스 미팅은 말할 것도 없고, 접대 자리라면 초대한 쪽과 초대를 받은 쪽 모두 시간을 엄수해야 한다는 지론을 밝했다.

만약 지각한 상대방이 사회적으로 우위에 있다고 하더라도 지각을 한다면 '사람을 기다리게 하는 인간은 신뢰할 수 없다'고 생각하며 마음속에 새까맣게 × 표시를 한다고 했다.

그 사장이 걸어온 인생 여정을 듣다 보니 그렇게까지 시간에 엄격한 이유를 알게 되었다.

그는 결코 부유하다고 할 수 없는 가정에서 태어났다. 어렸을 때는 부잣집 아이가 갖고 노는 장난감이나 게임기가 무척이나 탐이 났다고 했다. 하지만 가정 형편을 뻔히 알고 있어 부모에게 말할 수 없었던 그는 마음속으로 이렇게 다짐했다.

"언젠가 열심히 일해서 내 힘으로 큰돈을 손에 넣을 거야."

그런 다짐을 바탕으로 중학생 시절에는 신문 배달 아르바이트를 했고, 고등학생와 대학생 시절에는 여러 아르바이트를 하면서 학비와 용돈을 마련하는 한편 남은 돈은 알뜰하게 저축했다. 가업을 잇게 된 뒤에도 오로지 독립을 목표로 해서 돈을 모았다고 한다.

그는 결국 30세가 된 해에 드디어 창업을 해 독립했다. 그렇게 경영자로 살게 되면서 부자로 가는 길에 발을 들여놓았다.

"젊은 시절에는 시간이 아까워서 다른 사람보다 두 배, 세 배 일했어요. 아르바이트는 대부분 시급인 데다 지각하면 가차 없이 그만큼 제하는 곳도 있었지요. 그래서 당시에는 시간이 곧 금이었어요. 저는 돈에 집착하기보다 시간에 집착했어요."

이렇게 말하면서 크게 웃던 그는 여전히 시간에 집착하는 모습을 보여주고 있다. 조금이라도 시간이 나면 그 시간을 누군가를 위해 사용한다. 국제 봉사 활동뿐만 아니라 직원들과 함께 지역 청소, 재해 복구 지원에 참여하고는 한다.

이 모든 것들은 시간이 없으면 불가능한 일이다. 그래서 그는 약속 시간을 지키지 않는 사람은 받아들일 수 없다. 그렇기 때문에 귀중한 시간을 아무렇지도 않게 낭비하는지 이해할 수 없다고 한다.

【×】 늦으면 미리 양해를 구한다

"미안해. 조금 늦었지. 앞으로 10분 정도 더 걸릴 것 같아."

최근에는 약속에 늦을 것 같으면 이렇게 스마트폰으로 연락하는 것이 일반적이다. 문제는 늦는다고 연락을 했으니 약속 시간보다 늦게 도착해도 된다고 생각하는 사람이 적지 않다는 것이다. 연락한 것으로 지각을 상쇄할 수는 없다. 상대가 친한 친구라고 해도 "오래 기다렸지!"라며 어물쩍 넘어가지 말고 "기다리게 해서 미안해"라고 제대로 사과해야 한다.

만약 업무 관련 만남이라면 무엇보다 먼저 "기다리게 해서 정말 죄송합니다"라고 정중하게 사과한다. 다만 간결하게 하면 된다. 짧게 그러나 정중하게, 이것이 철칙이다. 지각한 데다 본론과는 관련이 없는 이유를 줄줄이 늘어놓으면 누구라도 더 화가 날 것이다.

본인은 어쩔 수 없이 지각을 했다고 생각해서 변명하는 것이겠지만, 사실 대부분 자기변호에 지나지 않는다. 기다린 쪽에서는 어떤 이유가 있다고 한들 지각은 지각이다.

교통 수단의 사고나 고장으로 인한 지연은 어쩔 수 없다. 그러나 단순 교통 정체는 무조건 너그럽게 받아들여질 수 없는 경우도 있다. 도로 사정을 체크하고 미리 판단하면 정체를 회피하는 방법도 있기 때문이다.

지각한 이유를 "차가 너무 밀려서…"라며 거짓말로 속이려 해서는 안 된다. 교통 정체 정보는 스마트폰이나 컴퓨터로 바로 확인할 수 있는 시대다. 어설픈 거짓말은 반드시 들통난다고 생각하자.

혹 잠에서 늦게 일어나 지각을 했더라도 솔직히 사실을 털어놓는 편이 나중에 들키는 것보다 훨씬 낫다. 지각과 거짓말로 신용이 송두리째 무너진 뒤에는 만회할 수 없기 때문이다.

【✕】 시간을 갚을 수 있다고 생각한다

재능, 용모, 건강, 타고난 환경 등에 따라 사람의 운명은 크게 달라진다. 이렇게 생각하면 신은 너무도 불공평하고, 많은 사람이 절대적으로 믿는 것처럼 완전무결한 존재가 아닌지도 모르겠다. 그런데 신이 유일하게 누구에게나 평등하게 준 것은 바로 시간이다. 게다가 시간은 온전히 자신만의 것이라서 아무리 사랑하는 사람이어도 나눠줄 수 없고, 반대로 받을 수도 없다. 그리고 한 번 사용하면 절대 돌이킬 수 없다.

지금 여유가 있다고 해도 바쁠 때를 대비해 비축해둘 수도 없는 시간은 유일무이한 데다 끊임없이 흘러가다 보니 시간만큼 다루기 힘든 것은 없다고 할 수 있다.

이처럼 시간은 한 번 잃으면 어떤 방법으로든 보충할 수 없다. 그래서 상대방의 허술한 관리로 내 시간마저 빼앗기면 그렇게 화가 날 수 없었다는 마음도 절실히 이해할 수 있다. 말하자면 지각은 상대에게 더없이 중요하고 가치 있는 것을 빼앗는 행위인 것이다.

다른 사람의 돈을 훔치면 도둑맞은 사람은 누구나 화가 난다. 경찰이 달려오게 되고, 교도소에 가게 될지도 모른다. 그래도 훔친 돈이 사용되지 않았다면 되찾을 수는 있다. 하지만 시간은 그조차 불가능하다. 그래서 상대의 시간을 빼앗으면 어떻게 노력해도 만회할 수 없다는 것을 다시금 깊고 강하게 인식해야 한다.

인자한 성품으로 유명한 '경영의 신' 마쓰시타 고노스케조차 이렇게 말했다.

"다른 사람을 기다리게 하는 것은 그 사람을 소중히 하지 않는다는 증거다. 당신의 시간보다 내 시간이 더 소중하다는 무언의 메시지이다."

물론 지각하지 않도록 항상 신경을 썼지만, 하필 그날따라 일이 꼬여서 어쩔 수 없이 지각할 수도 있지 않겠냐며 이런저런 변명을 하는 사람도 있을 것이다. 그렇지만 어떤 이유가 있다고 한들 잃어버린 시간은 절대 다시 돌아오지 않는다.

다시 말하지만, 시간에 관해서는 어떤 변명도 통하지 않는다. 결과적으로 그 누구도 돌이킬 수 없는 잘못을 저질렀다는 엄숙한 사실만 남을 뿐이다.

✳ 두 번째:
시간 관리가 안 되는
사람의 특징

[×]   바쁘다는 말을 달고 산다

가끔 함께 밥이라도 먹고 싶어서 스케줄이 어떤지 물으면 늘 이렇게 말하는 사람이 있다.

"다음에 만나면 어떨까? 요새 너무 바빠서 말이야."

그리고 유유히 스마트폰 스케줄표를 열고 체크하기 시작한다. 여기까지는 좋다.

"아, 이때는 회식이 잡혀 있네. 이때는 선약이 있고, 이때는 가야 할 곳이 있었어. 글쎄, 2~3주 지나서라면 시간이 될 것 같기도 해. 그때가 되어야 알겠지만."

이런 식으로 자신이 얼마나 바쁜지 보란 듯 어필한다. 바쁘다는 것이 '이만큼 주변에서 좋은 평가를 받고 있다'라고 믿기 때문이다. 만약 입버릇처럼 바쁘다고 하는 사람이 있다면 그는 시간을 잘 관리하지 못한다는 사실을 자백하고 있다고 해도 무방하다.

업무를 효율적으로 처리하는 유능한 사람은 일정을 빈틈없이 채우지 않는 게 좋음을 누구보다 잘 알고 있어서 절대 스케줄을 과중하게 짜지 않는다. 그런 사람은 어떤 업무를 처리하는 데 얼마나 소요되는지 정확히 예측한 뒤 마감일에서 거꾸로 계산해 진행한다. 따라서 기한이 다가올 무렵에는 최종 체크를 끝낼 뿐이다. 중요한 업무는 대부분 마무리되어 있을 테니 허둥지둥할 일도 발생하지 않는다.

【✕】 변명하기 바쁘다

앞에서 지각하지 말 것을 강조했던 나로서는 정말 부끄러운 이야기이지만, 프로젝트를 함께 진행하는 두 관계사와의 회의를 주관해야 하는 중요한 자리에 지각한 적이 있다.

당시 회의에 함께 참석하기로 했던 동료와 회의장 인근에서 만나기로 했는데 약속 장소가 공사 중이라는 사실을 체크하지 못해 서로 길이 어긋났었다. 그렇게 우왕좌왕하는 사이 두 사람의 판단이 갈렸고 서로 다른 곳에서 기다리고 말았다. 무언가 이상하다는 것을 느껴 바로 연락해 회의장으로 달려갔지만 결국 10분 가까이 늦고 말았다.

당시 나는 회의 장소에 들어가자마자 왜 늦었는지 주절주절 해명을 늘어놓았다. 그러자 "변명은 나중에 하시죠"라는 지적이 날아왔다. 그렇게 조용히 자리에 앉으면서 얼마나 어리석은 행동을 했는지 깨닫고는 적잖이 충격을 받았다.

지각한 것만으로도 다른 참석자들에게 피해를 주었는데, 회의 진행은 생각도 하지 않고 변명을 늘어놓다니. 모두의 귀중한 시간을 낭비한다는 생각까지 하지 못한 것이다. 그런 나 자신이 부끄러워서 견딜 수 없었다.

두 명 혹은 세 명 정도의 작은 회의 자리라면 "죄송합니다. 건물 진입로가 공사 중이었습니다" 정도로 간략하게 이유를 설명하는 것도 나쁘지 않다. 하지만 여러 사람이 참석하는 중요한 회의에 늦었을 때는 뒤쪽으로 조용히 들어가 말없이 자리에 앉은 다음 바로 회의에 집중해야 한다. 이것이 최선의 대응임을 알아두자.

지각을 하지 않도록 미리 준비하고 최대한 주의해야 하는 것은 말할 필요도 없다. 그렇지만 부득이하게 지각을 했을 경우 얼마나 현명하게 대응하는지에 따라 평가가 크게 달라질 수 있다는 점을 다시 한번 확실히 명심하자.

【×】 어떻게든 열심히 해본다

선임과 후임, 발주처와 수주처 등 비즈니스 환경에서는 대부분 피라미드형 계층이 생기기 마련이다. 그런데 자신이 피라미드의 아래쪽에 속해 있다면 '거절할 수 없는 입장'이 된다고 믿고 있지는 않은가?

사실 나도 오랫동안 그렇게 생각해왔다. 그래서 상당히 무리한 업무를 하게 되어도 그저 "열심히 하겠습니다"라며 자신을 궁지에 몰아넣기를 반복했다.

그러던 어느 날, 취재를 위해 만났던 사람에게서 이런 말을 듣고 그 생각이 송두리째 바뀌었다.

"객관적으로 보았을 때 마감일까지 상당히 빠듯한데도 흔쾌히 열심히 하겠다거나 어떻게든 해보겠다고 말하는 사람은 신뢰하기 어려워요. 그보다는 상황을 면밀하게 확인한 다음 확실히 답변하겠다고 말하는 사람에게 더 믿음이 가더군요."

당시 무조건 열심히 하는 것이 옳다고 생각했던 나로서는 청천벽력이라고 할 정도로 놀랄 만한 말이었지만, 잘 생각해보니 이 말을 충분히 수긍할 수 있었다.

"어떻게든 열심히 해보겠습니다"라는 대답이 무책임하고 성의 없는 말이라는 뜻이 아니다. 스케줄을 확실히 검토한 뒤 확실히 대답하는 것이 더 낫다는 말이다.

게다가 자신의 위치가 피라미드 계층의 아래쪽에 있다면 더더욱 일을 경솔히 떠맡아서는 안 된다. 막무가내로 일을 받아놓고 나중에 문제가 생기는 것이야말로 최악이기 때문이다.

약속한 기한에 맞추지 못해 그때까지 쌓아온 신뢰가 단숨에 무너지는 일은 흔히 있는 이야기다. 경솔하게 떠맡기보다 신중하게 검토해 확실한 답을 하자. 그리고 그렇게 말한 것은 확실히 지키자.

【×】 나중에, 조만간이라고 말한다

치바현 마쓰도시에는 '바로 하는 과'라는 독특한 이름의 부서가 있다. 이 부서는 50년도 더 된 긴 역사를 가지고 있다.

일본의 행정은 일반적으로 예나 지금이나 일을 처리하기까지 몹시 시간이 걸린다. 마쓰도시는 그런 오명을 씻고자 1969년 10월, '바로 하는 과'를 설치했다.

이후 이 부서에서는 도로에 구멍이 생겼다거나, 도랑이 막혔거나, 야생동물 사체가 버려져 있다거나, 길 잃은 고양이가 있다는 등 시민들의 갖가지 신고에 신속하게 움직이고 처리하고 있다. 지금은 마쓰도시의 전통이 되었다.

"바로 해야만 하는 일이고, 바로 할 수 있는 일은 바로 합니다."

'바로 하는 과'는 이런 정신을 바탕으로 지금까지 운영되고 있다.

바로 할 수 있는 일은 바로 하고, 절대 뒤로 미루지 않는 자세는 업무에서는 물론이고 평소 생활에서도 다양한 일을 효율적으로 처리하는 기본이 된다고 할 수 있다.

자신의 태도를 한번 돌아보자. '나중에 하면 돼', '조만간 할 테니까 괜찮아'라고 생각하는 일이 많지는 않았는가? 자신의 방이나 책상이 정리되지 않아 지저분한 것은 '나중에', '조만간'이 가져온 결과다.

사무 용품은 사용하면 바로 서랍에 넣어둔다. 외출에서 돌아와 벗은 옷은 바로 빨래 통에 넣는다. 불필요한 데이터는 바로 삭제한다. 이처럼 지금 당장 할 수 있는 일을 미루지 않는 습관을 들이면 일도 생활도 깔끔하게 정리된다. 그 결과 작업 효율이 확실히 올라간다는 사실은 많은 사람이 경험했을 것이다.

이런 사소한 효율 증가를 끊임없이 지속해온 것이 도요타의 경영 방식이다. 그 결과 도요타는 마침내 세계적인 자동차 회사로 발돋움할 수 있었고, 도요타의 경영 방식은 수많은 제조 기업의 표본이 되었다. 참고로 도요타의 보고서에 따르면 도요타가 실시한 경영 개선의 성과를 돈으로 환산하면 연간 4,500억~7,000억 원을 상회한다고 한다.

자투리 시간이라도 함부로 흘려보내지 않는 자세가 조금씩 쌓이면 큰 성공으로 이어짐을 명심하자.

[×]　자기중심적으로 생각한다

"축구 경기 티켓이 두 장 생겼는데, 시간 어때? 같이 갈래? 구하기 힘든 티켓이야."

이런 질문에 다음과 같은 대답이 돌아오면 어떨 것 같은가?

"와, 대단하네. 그런데, 아직 그날 일정이 어떻게 될지 모르겠어. 갈 수 있으면 갈게."

이것으로 충분한 대답이 되었다고 생각한다면 완전히 잘못 짚은 것이다. 계속 이렇게 답을 하면 결국에는 아무도 말을 걸지 않을 것이다.

그렇지만 당장은 흔쾌히 대답해놓고 막상 그날이 다가왔을 때 취소하는 것은 더 나쁘다. 일 때문이라고 하면 누구든 이해해줄 것이라고 생각할 수도 있다. 하지만 이것만큼 제멋대로인 사고방식도 없다.

이렇게 행동하다 보면 머지않아 '저 사람은 자기 생각 대로만 행동한다'는 꼬리표가 붙어 주변 사람들에게서 신뢰를 잃게 된다. 무엇보다 자신에게 호의를 베풀고 권유했던 상대방의 정성에 찬물을 끼얹는 꼴이 된다.

누구에게나 어쩔 수 없는 급한 용무가 생길 수 있기 마련이다. 그렇더라도 가능한 범위에서 어쩔 수 없는 사정을 간단히 말하고 정중히 사과해야 한다. 물론 이때는 티켓을 취소하게 되어 발생하는 수수료를 기꺼이 부담하겠다는 말을 덧붙여야 한다.

이렇게까지 한다고 해도 약속 직전에 취소한다는 것은 상대방의 한껏 고조된 기분을 땅에 떨어뜨리는 행동이다. 부풀었던 기대를 사그라지게 한다면 그 낙담한 마음을 어떻게 할 수 있을까. 단호하게 말하자면 절대 되돌릴 수 없다. 그 정도로 큰 잘못이라는 점을 마음에 새겨두자.

✳ 세 번째:
시간은 섬세하게
다루어야 한다

【○】 사전에 완벽하게 준비한다

누구나 처음부터 지각하겠다는 마음을 갖지는 않을 것이
다. 만약 지각을 하게 된다면 자신으로 인해 거북해진 분위
기를 보며 이후로는 더욱 조심하게 되기 마련이다. 그럼에
도 불구하고 지각을 반복하는 사람은 자기 관리가 안 된다
는 것을 고백하는 것밖에 되지 않는다.

　이런 성격을 가진 사람은 다른 상황에서도 비슷한 잘못
으로 다른 사람에게 결정적인 피해를 줄 수 있음을 명심해

야 한다.

무엇보다 지각의 안 좋은 점은 상대를 짜증 나게 한다. 애써 시간을 낸 상대방과 만남을 시작하기 전부터 분위기를 좋지 않게 만들면 이야기가 제대로 이어질 가능성은 없다고 해도 무방하다. 또한 지각하는 버릇을 고치지 못하는 사람은 자신에게 다가오는 복을 스스로 걷어찬다. 그러니 혹시라도 자주 지각을 하는 사람이라면 지금 당장 자신이 왜 지각을 반복하는지 이유를 일일이 확인해 당장 해결책을 강구해야만 한다.

나는 원래 인간관계에 서투르고 융통성이 없었음에도 업무 때문에 사회적 지위가 높은 사람과 만나야 할 기회가 많았다. 그렇다 보니 죽어도 지각은 해서 안 된다고 생각해왔다. 다행히 지각한 적은 거의 없었지만, 정해진 시간이 다 되어 가까스로 도착했던 경험은 몇 번 있었다. 그렇게 되었던 이유는 대개 집을 나설 때 '이대로 나가도 괜찮나?'라고 순간적으로 망설이거나 불안해졌기 때문이다.

'회의 자료 가방에 넣었지?'

'스마트폰은 챙겼나?'

이런 불안은 대부분 기우일 때가 많다. 완벽히 준비하지 못했을 때 어김없이 떠오르는 생각들이다. 그래서 요즘에는 필요한 것들을 전부 전날 저녁에 완벽히 챙겨둔다. 밤늦게 스마트폰을 사용하더라도 반드시 다음 날 가지고 나갈 가방에 넣어둔다.

이렇게 하기 전에는 현관 앞에 서서 '아, 스마트폰을 잊었네!'라고 깨달으며 문을 열고 힘겹게 신발을 벗어 가지러 들어가야 했다. 물론 아주 빠르게 행동했지만, 이런 작은 실수 때문에 버스나 전철을 한 대 놓치게 되고, 연쇄적으로 다른 일들도 늦어지다 보면 혹시라도 오늘은 지각을 하게 될까 마음을 졸이고는 했다.

꼭 기억하자. 전날 저녁에 준비를 마칠 때에는 반드시 스스로 준비해야 한다. 바쁘다고, 귀찮다고 비서나 아래 직원에게 준비를 시키기도 한다. 때로는 출장이나 여행 준비를 할 때 가족이 대신 해주는 경우도 있다. 그렇더라도 마지막 점검은 반드시 자신의 손으로 하나하나 확인해야만 한다.

옷, 양말, 신발도 전날 저녁에 준비한다. 내일 날씨가 어떨지 불확실할 때는 두 상황을 가정해 준비한다. 그에 맞게 신발도 현관에 두 켤레를 꺼내둔다. 우산을 준비하는 것은 필수다.

이렇게까지 신경을 쓰기 시작하면서 지각은 물론이고 시간이 거의 다 되어 헐레벌떡 도착하는 상황은 거의 사라졌다. 그 덕분에 여유 있게 상대방을 만날 수 있었고, 내 페이스를 잃지 않으면서 만남을 진행할 수 있었다.

【○】 완충 시간을 설정한다

존슨앤드존슨의 일본 지사장과 일을 한 적이 있다. 그는 글로벌 비즈니스 무대에서 오랫동안 활동해온 만큼 일과 삶이 확실히 구분되면서도 맡은 바 업무를 완벽히 해냈다.

그는 철저히 가족을 중요시해 주말과 여름 휴가, 크리스마스 휴가 때는 원칙적으로 일을 하지 않았다. 매년 초에 한 해의 계획을 미리 세워 일찌감치 해외의 리조트를 예약해놓을 정도였다.

한 가지 더 훌륭하다고 느꼈던 점은 일본과 미국을 오가며 일해야 하는 엄청 바쁜 사람이었으면서도 허둥지둥하는 모습을 단 한 번도 본 적이 없었다.

늘 궁금해하던 중 우연한 기회에 그 비결을 들을 수 있었다.

"대부분 하던 일이 10시에 끝나면 다음 일을 바로 이어서 10시부터 시작해요. 저는 그렇게 하지 않으려고 노력합니다. 회사에서 여러 고객사와 연속해서 미팅을 갖더라도 최소 10~15분 정도는 기다릴 수 있는 간격을 두고 미팅을 진행합니다."

날씨가 더운 여름에는 그 시간에 땀을 닦고 옷매무새를 가다듬는 시간으로 삼을 수 있다. 또한 다음 미팅을 위해 자료를 훑어볼 시간이 될 수도 있다. 이처럼 단 10분이지만 꽤 많은 일을 처리할 수 있다고 했다.

때로는 미팅이 예정보다 조금 더 길어지는 경우도 생긴다. 하지만 일정 사이에 완충 시간이 있으면 조금 지연되더라도 다음 일정에 영향을 주는 일은 거의 없다. 그렇게 되면 빨리 끝내기 위해 지금 만나고 있는 사람을 채근할 일도 없어진다.

시간에 쫓겨 항상 전력으로 질주하는 사람은 얼핏 커다란 성과를 당장 손에 넣을 수 있을 것처럼 보인다. 하지만 그런 사람과 함께 일해보면 무언가 모르게 힘들기 마련이다. 늘 여유를 갖고 있는 사람과 함께 일하는 게 훨씬 마음이 편하다. 이것은 내가 오랜 경험을 통해 실감했다.

일정과 일정 사이에 적절한 완충 시간을 설정해본다면 상상하는 그 이상으로 큰 효용을 경험하게 될 것이다.

[O] 회식 종료 시간을 정한다

"조금만 먹다가 가려고 했는데, 시간이 언제 이렇게 됐지?"

회식을 마무리할 때 이렇게 후회하면서 밤늦게서야 집으로 돌아간 경험은 누구나 있을 것이다.

'조금만 더 있다가 갈까?', '1시간 정도라면 괜찮겠지.'

이렇게 생각하는 사람은 시간의 본질을 이해하지 못한 사람이다.

모래시계를 떠올려보자. 모래시계를 거꾸로 세우면 눈에 보이지 않을 정도로 고운 모래가 조용한 소리를 내며 가만히 떨어진다. 너무도 조용해서 모래시계가 움직이고 있다는 것을 잊기 쉬울 정도이다. 그렇게 큰 소리를 내지 않아도 모래는 계속 떨어지고, 시간은 잘도 흘러간다.

우리의 일상에는 이 모래시계처럼 실감하지 못한 채 흘러가는 시간이 많이 있다. 시간을 잘 아는 사람은 이런 모래시계와 같은 시간을 없애려고 노력한다.

하루는 누구에게나 똑같이 24시간이다. 깨어 있는 동안 단 1초도 허투루 보내지 않도록 정신을 차리라는 말이 아니다. 다만 빈둥거리며 흘려보내지 않도록 최대한 신경을 쓰는 정도라고 의식하기 바란다.

저녁 식사 자리에서 만난 한 경영 컨설턴트는 자리에 앉자마자 "오늘은 9시에 마무리합시다"라고 말했다. 처음에는 '조금 무례한 것 같은데'라고 생각했지만, 그는 이런 말을 덧붙였다.

"점심은 각자 다음 일정이 있으니 크게 상관이 없지만, 밤에는 즐기면 즐길수록, 분위기가 무르익을수록 시간이 지나가는 것을 쉽게 잊어버리잖아요? 하지만 집에 늦게 돌아가면 다음 날 업무에 지장이 있으니까 시간을 미리 정하는 게 좋을 것 같아요."

설명을 듣고 나니 공감이 되는 말이었다.

사실 대부분의 대화는 2시간이면 충분히 정리할 수 있다. 그렇게 종료 시간을 정하고 나니 대화가 늘어지지 않고 핵심만 말할 수 있게 되었다. 이후로는 딱 한 잔만 더 하자는 말은 시간을 허투루 쓰는 시간 낭비임을 다시금 깨닫게 되었다.

나중에 들은 이야기인데, 그 컨설턴트는 회식 다음 날 아침에도 어김없이 새벽 5시에 일어나 집 주변에서 30분 정도 조깅을 했다고 한다. 당연히 건강을 위해서였겠지만, 적당한 속도로 달리고 나면 머리가 상쾌해지고 하루의 업무 효율이 눈에 띄게 달라지기 때문이라고 한다.

이처럼 스스로 시간을 조절해 효율적으로 사용하면 모두에게 똑같은 24시간을 자신이 의도하는 대로 활용하고 있다는 느낌을 받는다. 동시에 자신감도 높아지기 마련이다.

'큰일을 해내는 사람'은 틀림없이 이런 사람을 두고 하는 말일 것이다.

✳ 네 번째:
시간의 소중함을
마음에 새긴다

【○】   시간에 끌려다니지 않는다

"지금껏 불황이 아닌 때가 없었다"고 말할 만큼 녹록지 않은 것이 출판계이지만, 양질의 책을 만들겠다는 일념으로 출판사를 경영하는 친구가 있다. 지금은 벌써 창업한 지 20년이 넘었다. 회사를 크게 키우고 싶다는 생각이 강하지 않지만, 그래도 꾸준히 직원을 채용해 운영하고 있다.

업력이 쌓이고 평판이 좋은 만큼 직원을 모집할 때마다 다수의 지원자가 모인다고 한다. 필연적으로 역량이 뛰어난 지원자를 선택하게 되지만, 예외적으로 최상이라고 하기 어려운 지원자를 선택하는 모습을 보았다. 게다가 그 지원자는 전직 영업 사원으로 책 편집에 관해서는 경험이 전무했다. 그 당시 채용이 확정된 사람은 그 지원자 단 한 명뿐이었다. 이유가 궁금했던 나는 그 친구에게 물었다.

"왜 편집 경험이 없는 사람을 선택했어?"

"어딘가 달랐어. 보자마자 한눈에 '아, 이 사람이 좋겠다'고 생각했지."

최근 그 직원과 함께 일할 기회가 있었다. 직접 경험해보니 마음 씀씀이가 남달랐고, 말을 할 때도 핵심만 간결하게 잘 정리해서 요점을 파악하기 수월했다. 결과적으로 일 처리가 빠른 데다 서로 기분 좋게 진행할 수 있었다.

프로젝트를 잘 마치고 둘이서 소소하게 뒤풀이를 했을 때 오래전부터 궁금했던 것을 조심스레 물었다.

"사장과 나는 오래 알고 지냈어요. 그가 당신은 다른 지원자와 달랐다고 했는데요. 면접 때 뭔가 특별한 것을 보여주었어요?"

그 직원의 대답은 이랬다. 당시 면접은 무더위가 기승을 부리던 여름에 진행되었다. 가만히 있어도 땀이 흐르는 날씨다 보니 약속된 면접 시간보다 30분 일찍 회사 근처에 도착해 땀을 닦고 옷매무새를 가다듬었다. 그리고는 카페에서 한숨을 돌리며 마음을 진정시켰다고 한다.

"더울 때 급하게 달리면 숨이 차고 땀이 멈추지 않죠. 아무래도 그러면 실례일 것 같았어요. 제 기분도 정돈되지 않았을 테고요."

사장이 그를 한눈에 선택한 이유는 그런 점 때문이었다. 상대는 물론이고 자신도 기분 좋게 대화를 할 수 있도록 30분이라는 여유 시간을 만들어낸 그 판단 덕분이었다.

지각은 절대 해서는 안 된다고 몇 번이나 말했다. 거기에 더해 단 30분을 투자할 수 있겠는가? 그 작은 차이로 인간관계가 긍정적으로 바뀔 수 있다.

그 직원처럼 마음을 쓸 수 있는 사람은 주변 사람들의 마음을 사로잡아 업무에서도 큰 성과를 거둘 수 있다. 그의 앞날은 틀림없이 부자가 되는 길로 쭉 이어질 것이다.

【○】　시간 도둑은 단호하게 끊어낸다

다른 사람의 소중한 시간을 빼앗는 것은 앞에서 지적했던 지각뿐만이 아니다. 자기 혼자서는 그 무엇도 하지 못하는 사람도 주의해야 한다.

오랜만에 바쁜 업무를 처리하고 빨리 집에 갈 수 있다고 생각해 회사를 나섰는데 "술 한잔하러 가자"고 말을 거는 동료가 있다고 하자. 아마도 그냥 집에 돌아가려니 허전해서 그랬을 것이다. 또는 "같이 쇼핑하러 가자"거나 "보고 싶은 영화가 있는데, 같이 갈래?" 하는 식으로 가까운 사람에게 권유하는 버릇을 가진 사람도 제법 많다. 혼자서 무언가를 하는 것이 서툰 사람에게서 자주 볼 수 있는 모습이다.

무언가 큰일이 있는 것처럼 "내 이야기 좀 들어줘"라고 해서 '잠깐이면 괜찮겠지' 하는 마음으로 술집에 함께 들어갔다면 이미 끝이다. 이야기는 한없이 늘어지고, 부질없는 푸념만 이어질 것이다. 술에 취하다 보면 같은 이야기를 반복하기 마련인데 듣는 사람은 짜증만 심해질 뿐이다.

어느새 놀랄 정도로 시간이 늦어지고 말았다. 이 정도의 시간이라면 보고 싶던 TV 프로그램을 즐기거나 미뤄두었던 책을 읽으며 여유로운 시간을 보냈을 수도 있다. 피곤해서 빨리 집에 돌아가 느긋하게 쉬고 싶었지만, 모든 것이 물거품처럼 사라진다. 결국 피곤이 밀려온다.

아무리 후회해도 지나간 시간은 절대 되찾을 수 없다. 상대방이 "오늘은 내가 낼게"라고 말하지만, "돈은 됐으니까 내 시간을 돌려줘!"라고 소리치고 싶은 마음이 굴뚝같을 것이다.

휴대전화의 무제한 통화 요금제나 인터넷 접속만 된다면 돈이 들지 않는 모바일 메신저를 일상적으로 사용하게 되면서 무심코 시작한 대화가 속절없이 길어지는 일이 종종 생긴다. 물론 긴 통화를 했더라도 '아, 오랜만에 이런저런 이야기를 할 수 있어서 즐거웠어'라고 생각된다면 그 시간은 가치 있는 시간이다. 그러나 '뜻하지 않게 시간이 흘러갔네'라고 후회가 밀려온다면 시간 도둑에게 내 시간을 빼앗겼다고 맹렬히 반성하는 편이 낫다.

"오늘 한잔 어때?"라는 제안을 받았을 때 아무리 가까운 사람이라도 예정된 일정이 있거나 그럴 마음이 없는 날에는 단호하게 이렇게 말하면 그만이다.

"미안하지만, 오늘은 집에 바로 돌아가려고."

전화도 마찬가지다.

"지금은 좀 바빠서. 미안한데, 나중에 내가 전화할게."

나쁜 의도는 아니었겠지만, 자신도 모르게 시간 도둑이 되는 경우가 생긴다. 주변 사람으로부터 그런 피해를 입게 된다면 차갑다거나, 친구가 맞냐는 등의 말을 듣더라도 단호하게 끊어내 더없이 소중한 자신의 시간을 끝까지 지켜내자.

【○】　시간을 목숨처럼 여긴다

시간이란 무엇일까? 이것은 인간에게 있어 영원히 풀지 못할 과제라고 할 수 있다.

시간에는 형태도, 색깔도 없다. 공기 같으면서, 공기와는 다르다. 흐르는 물 같지만, 실체는 없다. 시간은 항상 존재하고 있지만, 눈 깜짝할 사이 흘러가면 흔적도 없이 사라진다. 우리가 시간에 대해 아는 것은 이 정도다.

시시각각이라는 말이 있다. 시간의 정체는 이 표현으로 설명할 수 있다. 호흡하는 모든 순간이 시간이다. 누군가와 함께 시간을 보낼 수는 있지만, 누군가와 함께 호흡할 수는 없듯 시간도 다른 누군가와 절대로 공유할 수 없다.

시간의 정체를 생각하다 보면 시간은 목숨과 떼려야 뗄 수 없는 관계에 있는 것이 아닌가 싶다. 아니, 시간의 본질은 목숨 그 자체라고 해야 할지도 모른다. 다시 말하지만, 시간의 가치는 목숨처럼 귀중하고 더할 나위 없이 소중하다. 이것을 다시금 명심하자.

부자가 된 사람은 이 본질을 명확히 인식했기에 시간을 무엇보다 귀중하게 다루었고, 낭비하지 않고 최대한 효율적으로 사용했다.

✳ 다섯 번째:
인생에 쉼표를 찍는다

【O】 인생은 마라톤임을 기억한다

시간을 헛되이 쓰면 안 된다고 지금 막 이야기했는데, 이런 이야기를 꺼내면 웃음거리가 될지도 모르겠다. 나는 지나치게 열중해서 시간이 흘러가고 있다는 사실을 잊어버리는 사람을 '꼭 만나고 싶은 사람' 리스트에 추가하고 싶다.

사실 나는 완벽하게 이런 타입이다. 매번 그렇지는 않다는 것이 문제라면 문제일 수 있겠지만, 가끔 일에 열중하는 사이 시간을 잊어버리고, 중요한 약속도 잊을 뻔한 적도 있었다. 하지만 완전히 잊어버려서 약속을 어긴 적은 없으므로 완전히 열중한 것이 아니라는 증거가 될 것이다. 다만 원고를 작성하는 데 완벽히 몰두해서 정신을 차려보니 약속 시간이 이미 지난 정도까지 갔다면 나도 작가로서 한 사람 몫은 충분히 하고 있다고 어깨를 펴고 다닐 수 있는지도 모르겠다.

열중하고 집중하는 상태에서는 에너지가 계속 솟아오른다. 인생의 성장은 얼마나 뜨겁게 오랫동안 열중하고 몰두하느냐에 따라 정해진다고 생각한다.

나는 가수나 배우를 지망하는 젊은이들을 보면 항상 감탄하게 된다. 최근에는 예전과 달리 SNS나 유튜브 등에 직접 작곡한 곡을 소개하거나, 노래하는 모습을 올려서 많은 사람에게 선보이는 사람이 많다. 그렇게 시작해 연예계에 데뷔하는 사람도 존재하지만, 쉽게 싹을 틔우지 못하는 경우가 사실 훨씬 많다.

그럼에도 그들은 자신이 좋아하는 것에 몰두해 힘든 것도 아랑곳하지 않고 오로지 매진한다. 이렇게 한 가지 일에 푹 빠져서 열중할 수 있는 삶은 충실하고 행복한 삶일 것이다.

자신이 좋아하는 길을 평생 가고자 하는 사람에게는 모든 것을 잊고 몰입할 수 있는 세계가 있고 그것을 위해 많은 시간을 아낌없이 투자할 준비가 되어 있다. 이런 사람의 인생 마지막 지점에는 커다란 만족감이 기다리고 있을 것이다.

【ㅇ】 멀리 가기 위해 함께 간다

지각은 절대 금물이다. 쓸데없는 수다는 시간 낭비일 뿐이다. 필요 없는 만남에 귀한 시간을 쓰는 것은 시간을 도둑맞는 것과 같다. 나는 지금까지 분명한 어조로 이렇게 말해왔다. 하지만 사람은 좀 더 복잡하고 유연한 존재다.

느긋하고 유유자적한 시간, 자신을 해방하는 놀이 시간, 가족과 보내는 즐거운 시간. 이런 시간은 언뜻 낭비라고 생각하기 쉽지만 그리 간단하지 않다.

가족이 모두 모여 저녁을 먹는다. 무심하게 오가는 대화 속에서 자녀의 성장을 실감한다. 학창 시절부터 만난 친구와 나누는 실없는 이야기를 안주 삼아 술을 마시며 오랜 우정을 음미한다. 얼핏 아무런 소용도 없어 보이는 이런 시간도 사실 없어서는 안 될 만큼 소중한 순간이다. 내가 만난 수많은 부자 중 상당수는 이런 시간을 매우 사랑하고 중요하게 생각했다.

미하엘 엔데의 《모모》라는 작품이 있다. 전 세계에서 두루 사랑받는 이 신비한 작품은 차분히 읽어나가다 보면 시간의 소중함이 물밀듯 와닿는다.

이 작품에는 사람들이 1초라도 시간을 헛되이 쓰지 않도록 아득바득 일한 결과 마음의 여유를 잃고 눈에 띄게 짜증이 늘었다는 내용이 쓰여 있다. 이것 역시 시간에 관한 진실이라는 것을 잊어서는 안 된다.

요즘 사람들은 무조건 바쁘다고 말한다. 최소의 비용 대비 최대의 효과를 올려야 하는 것이 지상 목표인 이때, 그러기 위해서는 시간의 효율을 높이는 것이 필수적이어야 한다. 그런 인식을 바탕으로 하면 단 1분, 단 1초라도 시간을 낭비해서는 안 된다고 생각하게 된다. 혹시라도 이런 믿음이 지나치게 강하다고 생각한 적은 없었는가?

업무를 할 때는 가능한 한 시간 낭비를 없애야 한다. 자신의 시간도, 상대방의 시간도 존중하며 소중히 여겨야 한다. 두말할 필요도 없는 시간 사용의 철칙이다.

그것만큼 즐기는 것, 유유자적하는 것, 사랑하는 가족과 연인, 때로는 돌보는 반려견이나 반려묘와 함께 특별한 일을 하지 않더라도 그저 한가롭게 보내는 시간도 충분히 확보하자. 의외로 이런 시간에서 우리는 새로운 에너지를 얻곤 한다.

04

부자들은 스펙을
보지 않는다

: 사람을 평가하는 남다른 기준

✳ 첫 번째:
두려워 않고 도전한다

【○】 변화를 기꺼이 받아들인다

한 친구가 진지하게 자신의 이야기를 해주었다.

그는 일류 대학을 나와 정상급 회사에 들어가 모든 사람들이 부러워하는 코스를 거쳤는데, 남편의 해외 근무에 동행하기 위해 회사를 그만두었다. 그리고 몇 년 후 귀국했다. 40세가 넘어 구직한다는 것은 상상 이상으로 힘들었다고 한다. 몇십 개나 되는 회사의 구인 공고에 모조리 지원했지만, 연령 때문에 대부분 거절당하고 결국 소규모 회사에 입사했다.

그 회사 동료의 태반은 일류 대학을 졸업하기는커녕 대학을 나오지 않은 사람도 있었고, 지금까지 다양한 이력을 전전하는 등 엘리트라고 할 만한 사람은 눈에 띄지 않았다. 스펙이 비교적 상위권에 속했던 그는 그런 작은 회사의 일원이 되고 난 뒤 인간관계에서 크게 방황했다.

하지만 몇 년이 지나면서 회사 사람의 대다수는 스펙이 높지 않았지만, 저마다 세상의 가치 기준에 얽매이지 않고 자신이 좋아하는 것을 직업으로 선택했다. 금전적으로는 혜택을 받았다고 할 수 없었지만, 정신적으로는 만족도가 높은 일상을 보내고 있었다. 또한 자신이 하고 싶은 일이 무엇인지 잘 알고 있는 사람도 많았다.

큰 조직의 톱니바퀴 같은 부품 중 하나가 되고 싶지 않아 굳이 작은 조직을 선택한 사람도 있었고, 장차 독립하는 것을 목표로 삼고 있어 전체를 볼 수 있는, 자신에게 적당한 규모의 조직을 선택한 사람도 있었다.

무엇보다 각자 자기답게 살아가는 사람들이어서 개성적이고 재미가 있었다. 어느새 그 자신도 세상의 가치관에 휘둘리지 않고 자신이 생각하는 대로 살아가는 것이 얼마나 상쾌하고 즐거운지 실감하게 되었다.

일본 사회는 스펙을 크게 중요시하는 편이다. 물론 스펙에 의미가 없을 리는 없다. 일류 대학, 정상급 회사 등 높은 수준의 스펙을 획득하기까지 이면에는 힘든 노력이 숨겨져 있다는 것도 잘 알고 있다. 하지만 그것을 충분히 이해하면서도 스펙은 어차피 그 사람의 수많은 모습 중 어떤 한 단면만을 측정하는 기준에 지나지 않다는 것을 알기 바란다. 스펙을 기준으로 해서 상대를 가늠하는 것은 아주 어리석은 일이다.

사람은 아주 다면적이다. 어떤 대상을 파악할 때 길이를 잴 수도 있고, 깊이를 잴 수도 있고, 밀도를 잴 수도 있듯 사람을 파악하는 방법도 여러 가지다. 이렇게 생각하면 만나는 사람도 다양하고 다면적이 될 수 있다.

변화가 풍부한 인간관계에서 사람은 상상 이상으로 여러 가지 것을 받아들이고 있다. 그중 하나가 크게 꽃을 피워 부자가 될 가능성은 얼마든지 있다.

경제경영 분야의 책을 주로 만들어온 나는 이른바 최고의
자리에 오른 사람들과 만날 기회가 많았다. 이런 상류층 사
람들을 만나면서 쉽게 접할 수 없었던 여유로운 세계와 다
양한 세계를 알게 되어 대단히 만족하고 감사했다.

　그런데 주변을 보면 자신보다 사회적, 경제적 지위가 높
은 사람을 꺼리는 사람도 적지 않았다. 그 이유를 물으면
이렇게 답하곤 했다.

　"어차피 그들과 나는 살아가는 세계가 달라. 그들과 나
사이에 이야기가 통할 리 없어."

　"신경 쓸 필요는 없다고 생각하지만, 주변 사람들이 모
두 나보다 스펙이 높으면 자신이 비참해져서 몸 둘 바를 모
르게 되더라고."

　물론 그런 기분을 모르는 것은 아니다. 나보다 위에 있다
고 생각되는 사람과 만나면 긴장되고, 콤플렉스를 느끼기
도 한다. 반대로 나보다 조금이라도 아래에 있는 듯한 사람
을 만나면 마음이 편안해지기 마련이다. 내가 우위에 있다

는 기분은 솔직히 나쁘지 않다. 하지만 그런 마음에만 안주하고 있으면 언제까지나 성장하지 못한다. 상류층 사람들과 사귀어 보면 대부분 결코 거만하거나 고압적이지 않고 상상 이상으로 편안하게 사귈 수 있는 사람이 많았다.

사람에게는 위도, 아래도 없다는 사고방식을 중요하게 생각해야 한다는 것을 전제로 한 이야기지만, 나는 지금 나보다 경험이 풍부한 사람, 내가 모르는 세계를 알고 있는 사람을 만나면 가슴이 두근거린다. 그런 사람들은 자신도 모르는 사이에 그런 경험이나 지식을 전해주기 마련이다. 때로는 내가 좀 더 다양한 것을 배우고 싶어지는 기분 좋은 자극을 얻기도 한다.

프리랜서로 일하면서 부조리한 일도 겪었지만, 책을 만드는 데 일조하는 현재에 만족하고 있다. 특별한 계기가 없다면 좀처럼 만날 수 없는 최상류층 사람들과 친숙하게 이야기할 기회를 가질 수 있다는 점이 가장 큰 이유다. 그런 사람들에게 받은 지식과 자극은 지금 내 인생의 가장 큰 재산이 되었다.

【○】　더 높은 곳을 바라본다

"하늘은 사람 위에 사람을 두지 않는다."

일본의 교육가 후쿠자와 유키치는 이런 말을 했다고 전해진다. 하지만 현실은 그렇지 않다고 누구나 뼈저리게 느낄 것이다. 사실 후쿠자와도 '모두 평등하다'는 의미로 이 말을 한 것은 아니었다. 그는 미국 독립 선언서를 처음 접한 뒤 "미국의 독립 선언서에는 '하늘은 사람 위에 사람을 만들지 않고, 사람 밑에 사람을 만들지 않는다'고 했지만…"이라며 어디까지나 인용했다고 밝히고 있다.

심지어 후쿠자와는 "실제로는 영리한 사람과 어리석은 사람, 가난한 사람과 부유한 사람, 신분이 높은 사람과 낮은 사람이 존재한다", "그 불평등을 극복하려면 학문에 매진해서 자신을 갈고닦아야 한다"라고 말했다. 이것이 바로 그가 "하늘은 사람 위에 사람을 두지 않는다"라는 말을 사용한 진짜 의도이다.

후쿠자와도 인정했던 것처럼 현실에는 나보다 위에 있는 사람, 반대로 아래에 있는 사람이 존재한다는 것은 부정할 수 없다. 점수를 잘 받아야 들어갈 수 있는 유명 대학과 그렇지 않은 대학이 있고, 세계적으로 알려진 대기업과 인지도가 낮아 이름이 거의 알려지지 않은 작은 회사도 있다. 사회의 온갖 면에는 심한 격차가 존재한다.

사람의 가치는 이런 스펙으로 좌우되는 것이 아니라고 말하고 싶지만, 솔직히 말해 스펙이 높은 대학과 회사에 소속된 사람은 일반적으로 우수하기 마련이다. 반대로 스펙이 별로 높지 않은 대학이나 회사에 소속된 사람은 안타깝지만 그렇지 않은 경우가 많다. 이것이 엄연한 현실이다.

일류 대학에 다니는 학생이나 정상급 회사에 근무하는 엘리트 등 스펙이 높은 사람은 극소수이며, 사회 구성원 중 극히 일부밖에 없다는 것도 알아야 한다. 대부분은 그 외에 해당한다. 그래도 자신 '위'에 상당수의 사람이 존재함을 알고, 그 부조리를 느끼면서도 자신이 속한 위치에서 열심을 다해 살아간다.

후쿠자와가 말했듯 사람은 각자 주어진 현실 속에서 자기 나름대로 열심히 살아가는 수밖에 없다. 다만, 정당하

게 평가를 받아야 할 것은 그 필사적인 자세이다. 부자가
된 사람들은 모두 한 단계씩 도약하면서 그 자리에 올랐다.

✳ 두 번째:
관계를 망치는
사람의 특징

【×】 언제 어디서나 긍정적이다

언제 어떤 상황에서 부탁을 해도 알겠다며 긍정적인 답변을 하는 사람이 있다. 매번 거절하지 않고 도움을 주는 것 같아 만족하며 소중한 사람이라고 생각할 수도 있다. 하지만 자신이 맡은 일에 진정으로 충실한 사람이라면 항상 긍정적인 답변을 줄 수 없는 법이다.

내가 보았던 부자 혹은 부자가 될 사람들은 늘상 "언제든지 좋아"라는 긍정적인 답변을 주는 사람과는 어울리지 않았다. 오히려 "오늘은 여건이 안 돼"라고 단호히 거절할 수 있는 사람, 즉 자신의 계획이 분명하고 그것을 소중히 여기는 사람을 골라 상대했다. 그런 사람은 자신만의 가치 기준이 명확하다. 부자들은 상대방을 한 명의 독립적인 인격체로 존중하며 적극적이고 주도적으로 살아가려는 자세를 중요하게 여겼기 때문이다.

언제든 좋다고 하는 사람은 매번 시간을 낼 수 있을 만큼 핵심적인 업무를 수행 중이라고 할 수 없다. 또한 개인적인 시간에도 어학 실력을 높인다거나, 역량을 입증할 자격증 취득을 준비하는 것처럼 자기계발에 최선을 다하고 있을 것 같지도 않다. 더군다나 상대방의 말에 즉각적으로 반응해 움직인다는 것은 자제심이 약하다는 증거일 수도 있다.

물은 낮은 곳으로 흐른다. 자기 주관이 뚜렷하지 않고 상황에 따라 쉽게 흔들리는 사람을 만나면 그러한 낮은 기준에 물들어 자신도 그렇게 행동하게 된다. 이것은 자연의 섭리다.

물론 예외적인 경우도 존재한다. "오늘 만나지 않을래?"

라고 묻는 상대방의 말투에서 무언가 상황이 심상치 않다고 느꼈다면 만사를 제치고 곁으로 달려가 함께 있어 주는 선택을 해도 된다. 중요한 것은 상황을 냉정하고 정확하게 판단하고 올바른 결정을 할 수 있느냐다. 이에 따라 인간관계에 대한 자세가 측정되는 것이다.

【✕】 남을 무시하고 얕잡아본다

사회적으로 위에 있는 사람이라고 해도 모두가 존경할 만한 사람은 아니다. 개중에는 명백히 우월감에 젖어 무시하는 시선을 보이는 불쾌한 사람도 드물지 않다.

해외여행을 가서 기념으로 사온 소소한 기념품을 건네자 "영어는 좀 하세요?"라고 무시하는 투로 말한 사람이 있었다.

"네. 여행 정도라면 어느 정도 의사소통을 할 수 있는 수준입니다."

당시 나는 불을 향해 뛰어드는 불나방이 되고 말았다.

"그래요? 저는 미국에서 대학을 다녔어요."

그는 이렇게 말을 꺼내기 시작해 재학 때는 물론이고 졸업한 후에도 세계 각지를 여행했다며 자랑을 끊임없이 늘어놓았다. 이런 사람은 본래 상대의 이야기에는 흥미가 없는, 전형적인 자기중심적 성향의 사람이므로 멀리하는 편이 현명하다.

지금은 다양한 SNS 정보를 확인하면 개인 정보를 바로 확인할 수 있다. 유학 경험이나 MBA 수학 여부도 바로 확인할 수 있다. 그 정도의 정보를 자신의 입을 통해 노골적으로 말하는 모습은 속 깊은 사람처럼 보이지 않는다.

"MBA를 취득하셨다고 들었어요. 대단하시네요."

상대방으로부터 이런 말을 들었다면 "네네" 하고 가볍게 받아넘기는 편이 낫다.

"젊었을 때 해외에서 지낼 수 있었던 것은 행운이었어요. 그 경험이 없었다면 지금쯤 머리가 굳었을 거예요."

이렇게 산뜻하게 대화하면 호감도가 훨씬 높아질 것이다. 이렇게 반응할 줄 아는 사람이라면 적극적으로 사귀면서 다양한 체험담을 들으며 내 양식으로 삼고 싶은 마음이 든다.

[X]   말투가 잔뜩 꼬여 있다

한 경제 전문지에서 'CEO의 주말'이라는 기획을 몇 년 동안 담당하면서 매월 한 명씩, 모두 70~80곳에 달하는 기업가의 자택을 방문할 수 있었다. 보기만 해도 고급스러운 인테리어로 도배된 집도 있었지만, 간결하고 조용한 분위기의 집도 있었다.

하루는 전자 분야 기업의 사장 자택을 방문했다. 거실의 사이드 테이블 위에는 눈부시게 빛나는 유리 공예품이 놓여 있었다. 그 아름다움에 무심코 넋을 놓고 바라보았더니 사장의 부인이 말하길, 유명한 유리 공예품 브랜드 제품이라고 말했다. 처음 듣는 브랜드여서 잠시 멍하게 있었더니 부인이 이렇게 말하는 게 아닌가.

"어머, 잘 모르세요? 우리 같은 사람들과 일을 하시니까 상식으로 알고 계실 줄 알았어요."

전 세계의 유리 공예품에서도 세 손가락에 드는 브랜드라는 말과 이런저런 구체적인 설명을 들었지만, 부끄러움 때문에 귀에 들어올 리 만무했다.

나중에 알아보니 미국 대통령의 공식 증정품으로 채택된 브랜드라는 것을 알게 되었다. 그런 브랜드를 선호하는 사람들과 일하면서 어쩌면 기본 정보로 알고 있어야 했지만 나의 준비가 부족했다. 하지만 그렇다고 해도 타인에게 그렇게 행동하는 사람은 아무리 부자라고 해도 마음은 가난하다고 생각한다.

이런 사람에게서는 아무것도 배우지 못한다. 마음이 공명하지 않으면 그 인간관계에서 얻는 것은 없다고 해도 과언이 아니다.

"이건 스튜번에서 만든 유리 공예품이에요. 스튜번은 미국 대통령이 다른 나라를 방문할 때 선물할 정도로 인정받는 유리 공예품 브랜드랍니다."

만약 이렇게 담담히 설명해주었다면 내가 받았던 인상은 전혀 달라지지 않았을까.

이 경험은 사람을 대할 때의 태도가 얼마나 중요한지 가르쳐준 반면교사가 되었다. 그런 의미에서 본다면 그 사람은 나에게 은인인지도 모른다.

[✕]　남의 위세를 빌린다

세상에는 좋은 환경에서 태어나 진학과 취직을 연줄로 하는, 흔한 말로 '금수저'를 물고 태어난 사람이 있다. 그런 사람의 경우 부모의 이야기는 가급적 삼가는 편이 그나마 좋은 인상을 준다. 그런데 자신의 배경을 과시하고 싶어 하는 사람도 적지 않다.

　사회는 소문으로 만들어진다고 할 정도로 사람들은 소문을 매우 좋아한다. SNS에서 오가는 이야기들 역시 반 이상은 근거가 빈약한 소문의 영역을 벗어나지 못한다고 보는 것이 맞다고 생각한다.

　'호가호위'라는 말이 있다. 여우가 호랑이의 위세를 빌려 호기를 부린다는 뜻이다. 그런 위세를 빌릴 사람이 근처에 있다니 부럽다고 생각할 수도 있다. 그렇다고 해도 스스로 그것을 입에 담지 않도록 해야 한다.

　호랑이의 위세를 빌리지 않으면 눈에 띄는 활약을 하지 못하는 여우는 결과적으로 대성하지 못하는 일이 많다. 그런 여우를 만나도 좋은 일을 할 가능성은 크지 않을 것이다. 혹은 그런 여우에게 호랑이의 위세가 없어도 통용하는 힘을 갖추게 할 보좌 역할을 철저히 할 수는 있다. 그런 식으로 만날 것을 각오한다면 여우가 급성장해서 고생이 보답 받을 날이 올지도 모른다.

어느 쪽이든 여우와 만나는 것은 신중함이 요구된다.

✳ 세 번째:
이런 사람은
서로에게 득이 된다

【○】 밝고 유쾌한 기운을 나눈다

최근 어느 경영 컨설턴트와 일을 하면서 40명 정도의 사장들을 취재할 기회가 있었다. 예전에는 사장이라고 하면 잘 꾸민 사무실에서 무게 잡고 앉아 입만 열면 명령조인 사람이 많았다. 하지만 최근 그런 자세로는 사장 직책을 수행하지 못한다. 직종에 따라 다르겠지만 요즘에는 대체로 사장도 사원과 동등하게 동료 의식으로 일을 하는 회사가 늘어나고 있다.

어느 IT 기업에 가보니 고정 좌석이 없었다. 사장도, 사원도 매일 아침 출근하면 편한 자리에 앉아 네트워크에 접속하면 그렇게 바로 일하게 되는 시스템이었다.

예전처럼 조직 중심으로 일을 하기보다 한 사람 한 사람이 자신의 아이디어나 발상으로 과제를 해결하는 것이 중요한 지식 노동이 증가하기 때문인지도 모른다. 물론 표면적으로는 팀에 속해 일하지만, 평소 업무 수행은 상당히 개인적인 단위에서 진행된다. 업무의 형식은 물론이고 내용도, 의식도 급격히 변화 중인 것이다.

그렇다고 자기 방식만 고집하며 주변 동료와 섞이지 않고 일해도 업무에 지장이 없다는 뜻은 아니다. 오히려 그 반대다. 업무 중 커피를 마신다거나 점심 식사를 하는 시간에는 동료들과 웃으며 농담을 주고받고 밝은 분위기를 주도할 줄 아는 사람이 아니면 제대로 일을 하지 못한다고 한다.

개인을 중심으로 돌아가는 업무 처리 방식은 자칫하면 자신을 궁지에 몰아넣기에 십상이다. 그래서 한층 더 주변 동료들과 좋은 관계를 유지하는 것이 필요하다.

일하는 환경이 바뀌어도 여전히 필요한 것은 밝고 유쾌한 기운을 나눌 줄 아는 능력이다.

【○】 거절하는 용기가 있다

누군가로부터 만나자는 메시지가 도착했을 때 '오늘은 술 마실 기분이 아닌데' 혹은 '항상 불평, 불만만 얘기하니까 이야기를 듣고 있기 힘들어' 같은 생각이 든다면 단호하게 거절하면 된다. 너무한 것 아니냐는 생각을 할 수도 있겠지만, 다시 생각할 필요가 없다. 거절해야 한다.

인간이라면 누구나 날카로운 감이 있다. 특히 부정적인 신호는 거의 100% 들어맞는다.

이 날카로운 감이 모처럼 작용했는데도 무시하고 '이야기 들어주기를 원하는데 무시하는 건 옳지 않아' 혹은 '잠깐만 만나줄까?'라고 망설이다가 결국 만난다고 해도 좋은 결과는 나오지 않는다. 상대방의 이야기도 귀에 잘 들어오지 않는다. 나의 이런 반응은 상대방에게도 충분히 전해지기 때문에 어떻게 생각해도 득 될 것이 없다.

좋은 인간관계를 쌓고 싶다면 거절하는 용기도 중요함을 알아야 한다.

"미안. 오늘은 빠질 수 없는 업무 약속이 있어."

이렇게 적당히 거절하면 된다. 이런 거절을 반복하다 보면 상대방도 자신이 환영받지 못한다는 것을 깨닫게 된다. 그런데도 계속 권해온다면? 그 정도로 감이 나쁜 상대와는 관계를 지속할 이유가 없다.

【○】 쓴소리를 마다하지 않는다

"정말 좋은 아이디어야! 네 아이디어는 항상 빛이 나지만 이번 건 더 특별해. 이런 아이디어가 샘솟다니, 정말 재능이 있구나."

상대에게 이런 찬사를 받았다고 하자. 칭찬을 받으면 마음속으로 쾌재를 부를 것이다. 그래서 이런 사람과 만나는 것은 즐겁고, 내심 좋은 친구가 생긴 행운이 온 것만 같다.

누구에게나 그런 친구가 있을 것이다. 하지만 엉뚱하게도 이런 사람이 다른 사람에게 나를 깎아내리는 말을 한다면 무척이나 당황스러울 것이다.

내게는 이런 친구가 있었다. 그는 평소에 상당히 신랄하게 평가하고 쉽게 칭찬해주지 않았다. 거기에 그치지 않고 다음과 같은 혹독한 말을 내뱉기도 했다.

"아직 생각이 얕아. 조금 더 접근해서 생각해봐."

"너는 늘 세부적인 부분의 파악이 부족해."

마치 꿀을 바른 듯 듣기에 달콤한 말은 누구나 할 수 있다. 칭찬은 진심이 담겨 있지 않아도 마냥 부드럽고 기분 좋게 들리기 마련이다. 반대로 나 자신도 잘 알고 있는 결점은 누군가로부터 지적을 당하면 귀가 따가워져 듣고 싶지 않다.

냉정하게 생각해보자. 앞에서는 달콤한 말을 했던 친구보다 가감 없이 평가했던 친구가 훨씬 더 성의 있는 태도로 상대방을 진심으로 살피면서 말하기 힘든 말을 해주었음을 알 수 있다. 말하기 어려운 점을 짚어주는 친구만큼 고마운 존재는 없다. 그러니 혹독한 말도 확실히 받아들이자.

나는 이런 경험을 한 적이 있다.

같은 회사 동료 중 한 명이 직장을 떠나게 되어 곤란한 상황에 놓였다. 그러자 동료 한 사람이 다 함께 돈을 모아 도움을 주자고 제안했다. 그러자 누군가가 그 의견에 반대하며 이렇게 말했다.

"마음은 알겠지만, 그건 그다지 좋은 생각은 아닌 것 같아. 우리가 돈을 모으면 지금 당장은 도움이 되겠지. 하지만 그가 정말 기뻐할까? 만약 나였다면 비참하다는 생각이 들 거야. 마음은 굴뚝 같아도 아마 그 도움의 손길을 뿌리치고 싶을 것 같아."

그는 이렇게 말하면서 다음과 같이 덧붙였다.

"지금 그에게 정말 필요한 건 일자리야. 어디 딱 맞는 자리가 없을까? 요즘 경기가 어렵다는 건 누구나 알고 있지만, 다 함께 마음을 쓰면 어떻게든 되지 않을까?"

돈을 모아보자는 의견을 꺼낸 사람은 얼굴이 화끈거릴 정도로 부끄러웠을 것이다. 상대의 곤궁한 처지를 구제하는 일만 생각해 상대방에게도 자존심이 있다는 것은 미처 생각하지 못한 것이다. 깊은 고민에서 나온 의견은 상대방이 부끄러움을 느끼지 않도록 배려하면서 최선의 방법이 무엇인지 일깨웠다.

사실 이 사례에서 곤궁한 처지에 놓였던 것은 다름 아닌 나였다. 당시 내 일자리를 찾아보며 도움을 준 친구는 이미 세상에 없다. 그는 40대 중반이라는 젊은 나이에 암으로 쓰러져 어이없이 세상을 떠났기 때문이다. 그가 떠난 지 몇 년이 지났지만 우리들은 아직도 그가 없는 허전함을 채우지 못하고 있다. 상대방의 마음을 깊이 헤아려주는 귀중한 친구는 쉽게 얻기 어려운 법이다.

　만약 그런 친구가 곁에 있다면 그 행복에 감사하고, 인생 최고의 보물인 그 친구를 진심으로 소중히 여기자.

【○】 자제심이 있다

식사하는 모습만 봐도 상대방의 인간성을 판단할 수 있다.

스탠퍼드 대학교의 심리학자 월터 미셸이 수행했던 '마시멜로 테스트'라고 불리는 실험이 있다. 이 실험은 이후 몇 번의 추적 조사도 실시되었다.

실험은 만 3세 6개월에서 만 5세 6개월까지의 아동 50명을 대상으로 이루어졌다. 아이들은 한 명씩 방에 들어가 마시멜로 한 개가 놓인 책상을 보며 의자에 앉았다. 그 방에는 집중을 흐트러트릴 만한 것이 없었다. 선생님은 방에 들어가 이렇게 말했다.

"선생님은 일이 있어서 15분 정도 나갔다 올 거예요. 이 마시멜로는 네 것이지만, 선생님이 돌아올 때까지 먹지 않고 기다리면 하나를 더 줄 거예요. 만약 참지 못하고 먹으면 마시멜로를 하나 더 받을 수 없어요. 알겠죠?"

선생님이 방을 나온 뒤 아이들이 어떤 행동을 하는지 살펴보기 위해 카메라로 촬영했다. 마시멜로를 바라만 보거나 만지작거리거나 입으로 가져간 끝에 결국 먹어버린 아이가 3분의 2였고, 나머지 3분의 1은 15분 동안 참았다. 먹은 아이 중 일부는 마시멜로의 속만 파먹고 겉모양을 유지하는 치밀함을 보여줘 웃음을 주기도 했다.

이 테스트의 핵심은 실험에 참가한 아이들을 십수 년 동안 추적 조사한 결과다. 자신의 딸도 이 테스트에 참가시켰던 미셸은 아이들이 성장함에 따라서 첫 실험 결과와 성장후 사회적 성공 사이에 연관성을 갖지 않을까 생각했다. 그래서 다양한 관점으로 마시멜로를 먹은 아이와 먹지 않고 참았던 아이의 차이를 검증해보았다. 예상대로 오랜 시간이 지났어도 두 경우에서 명백한 차이가 발견되었다. 먹지 않고 참은 아이들은 먹은 아이들에 비해 SAT 점수가 월등히 높았던 것이다.

추적 조사는 반세기 가까이 지속되었다. 그 결과 먹지 않은 아이는 친구들과 선생님들이 호감을 느꼈고, 상대적으로 좋은 직장에 다녔으며, 비만도가 낮다는 사실이 밝혀졌다. 어린 시절의 자제력이 어른이 될 때까지 이어져 사회적 성공으로 연결된다는 것이 증명되었다고 할 수 있다. 미셸은 이런 힘을 '마음의 체력'이라고 불렀다.

　누군가에게 생일을 한 달 정도 앞두고 미리 선물을 주면서 "다음 달에 생일이 되면 열어봐"라고 말한다면 어떨까? 과연 상대방은 한 달이라는 시간을 기다릴 수 있을까? 이 것을 통해 마음의 체력이 어느 정도인지 파악할 수 있을 것이다. 또한 상대방이 미래에 성공할 수 있을지, 부자가 될 수 있을지 예측해보는 단서가 될지도 모른다.

✳ 네 번째:
이런 사람은
서로에게 해가 된다

【✕】　경쟁에서 승리하려 애쓴다

"어, 네 가방도 나랑 같은 브랜드였네. 나도 그 브랜드 정말 좋아하거든. 그래서 이번에 나온 신상품을 얼른 샀지. 이번 시즌 가방은 장식 크기가 달라졌고, 배치도 바뀌었어. 혹시 알고 있어?"

가끔 취재와 자료 조사차 백화점 매장을 둘러보면 이런 대화가 들리곤 한다. 흘끗 보았기에 자세히 볼 수는 없었지만, 말을 하는 이의 가방은 확실히 새것이었고, 그의 말을 듣고 있던 이의 가방은 멀리서 봐도 오래 사용한 흔적이 보였다.

그 모습에서 내가 주목했던 점은 가방의 차이가 아니라 두 사람의 관계였다. 특히 '내 가방은 신상품이야'라고 자랑하고 싶어 했던 사람에 주목했다.

이 이야기에 등장하는 사람처럼 주변 이들과 자신을 비교해 '내가 더 낫다', '뛰어나다'라고 판단하고 이를 과시하려는 행동이 문제다.

비교 대상으로 삼는 것은 물건만이 아니다. 학력, 직장, 사는 집, 부모의 재력, 입고 있는 옷, 지닌 물건, 배우자, 아이 등 끝이 없다. 특별히 상대를 비난하거나 무시하려는 의도로 시작하지 않더라도 결국 온갖 면에서 '내가 더 부자다', '내가 더 우위에 있다', '내가 더 행복하다'라는 메시지를 어떻게든 표현하게 된다.

이런 사람은 지극히 자기중심적이어서 어떤 경우에도 자신의 처지가 가장 낫다고 믿기에 이를 확인받아야 한다. 신체적 나이가 많더라도 정신적으로는 성숙하지 못한 아이

같다. 이런 언행을 진지하게 받아줄 필요가 있을까?

누가 되었든 상대방보다 자신이 우위에 있다고 과시하지 않으면 만족하지 못하는 사람은 사실 자신도 깨닫지 못하는 사이 콤플렉스를 안고 있을 것이다. 그렇다 보니 과시하지 않으면 버티지 못하는, 가엾은 사람인지도 모른다.

백번 양보해 그런 사정이 있다는 것을 이해해주고 싶지만, 누구나 자존심이라는 것이 있지 않은가. 상대방이 나보다 더 우위에 있다고 강요를 받으면 자연스레 화가 날 수밖에 없다. 이런 사람과 얽히게 된다는 것은 시간 낭비일 뿐이다. 혹시라도 잘난 척을 하는 사람이 있다면 굳이 논쟁을 하지 말고, 길게 생각할 것 없이 피하는 것이 답이다. 그 사람이 어떤 말을 꺼내기 전에 선수를 쳐서 "급한 일이 있어서. 나중에 봐"라며 먼저 가볍게 인사하고 스쳐 지나가자.

부자가 된 사람들은 이렇게 짜증 나는 일들을 일찌감치 피해서 쓸데없는 마음의 부담을 가지지 않는다.

【×】 누구와도 윈윈한다

서로 상응하는 이점을 누리는 관계를 '윈윈'하는 관계라고 한다. 내가 만났던 한 사람은 이 말이 어지간히 마음에 들었는지 개인적인 인간관계에서도 "나와 그는 윈윈하는 아주 좋은 관계"라는 식으로 말하곤 했다. 하지만 개인적인 관계에서 윈윈하는 결과를 고집한다는 것은 좋지 않다.

이 윈윈이라는 말은 미국의 경영 컨설턴트인 스티븐 코비 박사의 《성공하는 사람들의 7가지 습관》에서 처음 등장했다. 이 책이 세계적인 베스트셀러가 되면서 윈윈이라는 표현도 눈 깜짝할 새 세계적인 유행어가 되었다.

윈윈이라는 표현이 적절히 사용된 예를 하나 보자. 재고가 대량으로 쌓인 제조사와 할인점 사이의 계약을 들 수 있다. 제조사 입장에서는 납품 가격이 깎일 테지만, 재고를 처분할 수 있고 할인점 입장에서는 값싸게 대량의 상품을 확보할 수 있어 모두가 만족할 수 있다. 양쪽 모두 비즈니스 측면에서 이득을 보게 된 것이다.

미국인과 친해진 어떤 사람이 이렇게 말했다고 해보자.

"나는 무료로 영어 실력을 키울 수 있고, 그는 우리말을 배울 기회라며 기뻐하고 있다. 이 관계야말로 서로에게 윈윈이다."

처음부터 서로의 이득을 기대하는 계산적인 인간관계는 결코 좋은 결실을 가져오기 힘들다. 부자들은 처음부터 계산기를 두드리는 쩨쩨한 인간관계를 싫어한다. 진정한 윈윈 관계는 순수한 호의에서 생겨난다는 것을 알고 있기 때문이다.

【×】　냉철하고 정확한 언어를 구사한다

어떤 사람이나 특정 집단을 향해 강한 증오나 적대심을 가지면서 그런 생각을 노골적으로 말하는 것을 헤이트 스피치라고 한다. 인종이나 종교적 대립이 심하지 않은 곳에서는 헤이트 스피치를 접할 일이 많지 않다고 생각하기 쉽다. 하지만 차별 의식은 어디에나 잠재되어 있고, 그런 생각이 무의식적으로 표현되는 일도 심심찮게 발생한다.

　얼마 전, 한 지인이 이런 말을 했다.

　"중국이 새로운 에너지원을 개발했다고 하더라고. 이산화탄소도 배출하지 않고, 환경에도 부담이 거의 없대. 획기적인 기술이라고 소개하던데. 정말 대단한 것 같아."

　그러자 그 자리에 함께 있었던 다른 지인이 이렇게 말했다.

　"중국이 하는 말은 도무지 진실로 받아들일 수가 없어. 도대체 그 나라는 뭐가 문제인지…."

　나는 그의 소매를 잡아당기며 말을 끊었다.

　최근 중국은 놀라운 속도로 발전하고 있는 것이 사실이

다. 또한 많은 분야에서 성과를 거두며 앞선 나라들을 따라잡거나 추월하고 있기도 하다. 그럼에도 불구하고 아직도 예전처럼 조악한 물건을 싼값에 팔던 시절의 중국을 떠올리는 사람이 적지 않다.

이것은 다른 국가, 인종에 한정된 이야기가 아니다. 비즈니스 환경에서도 마찬가지다.

"아, 또 그러네. 그 회사는 일하는 방식이 늘 깔끔하지가 못해요."

"그 거래처는 늘 기한을 빠듯하게 주문을 한다니까요. 아무리 발주하는 입장이라고 해도 그렇지 그런 태도를 보이면 잘 처리할 수 있는 일도 삐딱하게 처리하게 되지 않겠어요?"

이렇게 증오와 적대심을 담은 발언은 피해야 한다. 설령 주변 사람들이 모두 똑같이 느낀다고 해도 그런 생각에 동조하면 결국 나에 대한 평가만 나빠질 뿐이다.

상대방을 증오하는 감정은 자각하는 것 이상으로 뿌리가 깊을 수 있다. 혹시라도 누군가를 조금이라도 부정적으로 생각했었다면 마음을 돌아보고 실수하지 않도록 주의해야 한다. 그런 마음은 고치려고 노력하자. 항상 정신을 차리고, 그런 생각이 말을 통해 입 밖으로 나오지 않도록 자신을 단속하면서 될 수 있는 한 긍정적 표현을 사용하도록 하자.

주변에 지나칠 정도로 헤이트 스피치를 하는 사람이 있다면 거리를 두는 편이 낫다. '근묵자흑'이라는 말처럼 사람은 누구나 주변 사람이나 친한 사람에게 적잖이 영향을 받기 때문이다. 부자들은 이 진리를 너무도 잘 알고 있다. 그들 곁에는 헤이트 스피치를 하는 사람을 찾아볼 수 없다.

[X]　물건을 고민하지 않고 준다

일본에서 두루 읽히는 고전인 요시다 겐코의《도연초》에는 "친구로 삼기에 나쁜 사람이 일곱 있다"라는 구절이 있다. 이 책이 말하는 일곱 사람은 다음과 같다. 첫째, 매우 고귀한 사람. 둘째, 젊은 사람. 셋째, 병이 없고 건강한 사람. 넷째, 술을 좋아하는 사람. 다섯째, 용맹한 무사. 여섯째, 거짓말하는 사람. 일곱째, 욕심 많은 사람이다.

나는 이 글을 보면서 사람의 본질은 시대가 변해도 동일하다는 생각을 하며 고개를 끄덕였다. 그렇지만 병이 없고 건강한 사람은 조금 의외였다.

병을 모르고 튼튼한 사람은 의지가 되므로 꼭 친구로 사귀고 싶은 사람이 아닐까 생각할 수 있다. 하지만 튼튼한 사람은 몸이 약한 사람의 마음을 헤아리지 못한다. 그렇다 보니 병에 걸린 사람에게 무정하게 말하는 실수를 범하기도 한다.

"에휴, 네가 평소에 제대로 건강 관리를 하지 않아서 아픈 거야."

가까운 사이에서 속상한 마음을 표현한 것이었겠지만, 당사자는 몹시 화가 날 수도 있다. 무신경하고 태연하게 상대의 기분을 어지럽히는 말을 하는 사람과는 누구라도 곁에 두고 싶지 않을 것이다.

요시다 겐코는 같은 책에서 "착한 친구가 셋 있다"라며 친구로 삼기에 좋은 사람도 언급한다. 첫째, 물건을 주는 사람. 둘째, 의사. 셋째, 지혜로운 사람이다.

의사나 지혜로운 사람은 쉽게 수긍할 수 있지만, 물건을 주는 사람을 좋은 친구라고 하는 데에서 또다시 의아함을 느꼈다.

주변에서 물건을 잘 주는 사람은 쉽게 볼 수 있다. 하지만 많은 경우 상대방의 필요나 성향은 신경을 쓰지 않고 자신의 수중에 있는 것을 마치 처분하듯 가볍게 주기도 한다.

가장 흔한 사례가 여행 기념품이다. 여러분도 한 번쯤 경험했겠지만, 여행 기념품의 경우 흔한 것들이 많고 오래 보관할 만한 것이 아닌 경우가 대부분이다. 상대방을 헤아려서 그 사람에게 어울리는 적절한 선물을 고르는 경우는 의외로 많지 않다.

어떤 작가님은 "당신이 교토의 단풍을 보고 싶어 한다는 이야기를 들었어요"라고 말하며 잘 말린 단풍잎을 선물한 적이 있다. 이런 의미 있는 선물을 주는 친구는 요시다 겐코의 말처럼 '좋은 친구'로 오래 사귀고 싶다.

✳ 다섯 번째:
진심으로 주고받는
관계를 맺는다

【○】 능숙하게 주고받는다

이상적인 인간관계는 무리하지 않는 선에서 '주고받는' 관계가 되어야 한다. 한쪽은 받기만 하고 다른 한쪽은 주기만 한다면 균형이 맞지 않는다.

주고받는다는 것은 물건에만 한정되지 않는다. 얼마 전 시골집에서 보내온 것이라며 누군가가 품질 좋은 사과를 한 상자 주었다고 해보자. 그렇게 되면 다음에는 무언가 보답을 해야 할 것 같다는 부담을 갖게 된다.

이런 인간관계는 서로 피곤하고 부담이 될 뿐이다. 내가 생각하는 주고받기는 유익하고 흥미로운 정보를 주고받는다거나, 서로 배려하고 위로하는 식의 행동이다.

내 친구 한 명은 종종 "이 책 정말 재밌어. 요즘 꽤 화제라서 너는 벌써 읽었을지도 모르겠다. 만약 아직 안 읽었다면 꼭 읽어봐. 읽고 어땠는지 내게도 알려줘"라고 메시지를 보내곤 한다.

지금까지 그가 추천해서 읽은 책 중에 실망했던 책은 단한 권도 없다. 그렇다 보니 그에게서 이런 메시지가 오면 바로 읽는 편이다.

나도 가만히 있을 수는 없어서 영화나 연극을 본 뒤에는 "주말에 영화 한 편을 봤는데 정말 재밌더라. 얼마나 재밌었던지 내일 또 보러 갈까 싶어. 네가 사는 곳에서도 상영하고 있을 것 같은데?"라며 정보를 나누곤 한다.

이렇게 서로 주고받는 친구가 있으면 새로운 정보를 얻을 수 있는 통로가 두 배가 되어 즐길 거리, 가치 있는 정보 등이 배로 증가한다. 또한 공통의 화제가 하나 더 생기게 되면서 둘 사이의 대화도 한층 풍성해진다. 이렇게 공유하는 즐거움과 감동이 쌓여가다 보면 인간관계도 깊어진다.

　이렇게 서로 주고받는 관계라면 늘 즐거움이 가득한 최고의 인간관계라고 해도 좋을 것이다.

【○】　고가의 선물을 하지 않는다

일부 돈이 많은 사람이 하는 선물을 보면 비싼 것들이 많다. 애초에 일반 사람들과 기준이 다르다고 한다면 할 말은 없지만, 사실 이건 받는 사람의 입장을 고려하는 도량이 부족한 것이라는 생각이 든다.

예전에 한동안 손꼽힐 정도로 땅을 많이 소유한, 차원이 다른 부자 부부와 친하게 지낸 적이 있었다. 그 부부는 엄청난 자산을 바탕으로 호화로운 병원을 부설 기관으로 둔 요양 시설을 열었고 나는 그 시설의 설립 취지와 부부의 사회 복지에 대한 구상을 담은 책을 펴내는 일을 맡았다.

그 부부는 두 딸과 함께 매년 두세 번은 프랑스 파리로 떠났다. 최고급 호텔에서 며칠씩 머물며 명품 매장을 구경하다 마음껏 쇼핑을 한 다음 그 물건들을 일본으로 보내곤 했다. 그렇게 계속해서 물건을 사들이다 보면 더 이상 필요하지 않게 되는 물건도 많이 생기기 마련이다. 그 부부는 그런 물건들을 주변 사람에게 아낌없이 나눠주곤 했다. 나도 고가의 물건을 몇 개 받은 적이 있었는데, 솔직히 기분이 좋았다거나 고맙다는 마음이 들지는 않았다. 그 부부는 물건을 줄 때마다 이런 말을 덧붙이곤 했기 때문이다.

"이건 유명 디자이너의 신상품이니까 일본에서 사려면 돈을 꽤 줘야 할 거예요."

처음에는 신기하고 기분이 좋았다가도 점차 기분이 좋지 않았고 결국 그들과 나는 사이가 멀어졌다.

당연히 나에게도 호불호가 있고, 다른 사람이 보기에는 보잘것없어 보일지라도 자존심이 있다. 물론 그 부부는 호의를 베푼 것이다. 하지만 결과적으로 나는 그들이 기대하는 만큼 기쁘지 않았다. 누군가에게 물건을 준다는 것은 상당히 어려운 일이다. 고가의 물건을 주는 것은 한층 더 어렵다.

진정한 부자들은 충분한 돈을 가지고 있음에도 고가의 선물을 쉽게 하지 않는 것은 이처럼 어렵다는 것을 알고 있기 때문일 것이다. 고가의 물건을 다른 사람에게 주면 상대방은 당연히 고맙게 여길 것으로 생각하는 사람은 상대방의 마음에 부담을 줄 수 있음을 헤아리지 못한 것이다. 이런 사람은 결국 주변 사람들과 멀어지게 된다.

[○] 은혜를 잊지 않는다

올해도 어김없이 그가 보낸 특산물이 도착했다. 나는 그의 선물을 받을 때마다 무어라 표현해야 할지 고민이 된다. 이 선물을 보내준 사람은 매년 중요한 절기마다 자신의 고향에서 난 특산물을 보내준다. 제법 오래전에 그 특산물의 맛을 보고 크게 감동한 것을 지금도 기억하기 때문이다.

그와의 첫 만남은 벌써 10년도 전의 일이다. 그는 책을 내는 것은 생각해 본 적 없던 다른 업종의 사람이었다. 나는 그에게 책으로 엮을 만큼의 스토리가 있다고 느껴 알고 지내던 출판사에 이야기해 그를 소개했다. 또한 그의 책을 만들 때 원고 작성과 편집도 내가 담당했다.

그 일을 계기로 출간 계획이 줄줄이 잡혔고, 지금은 경제 경영 분야에서 상당히 유명한 저자로 자리매김할 수 있었다. 게다가 출간뿐만 아니라 강연자로도 꾸준히 초청을 받아 전국 각지를 돌며 열정적으로 강연을 하고 있다. 유명 저자로, 인기 강연자로 활약하는 그는 연 매출 1,000억 원이 넘는 회사도 경영하고 있다. 그 회사는 경기 변동에도 흔들리지 않고 매년 착실히 성장하고 있다고 들었다.

이후 출간 계약을 한 출판사가 바뀌면서 업무적으로는 인연이 끊어졌다. 그런데도 지금까지 매년 내게 마음을 써주고 있는 것이다.

그가 보내주는 특산물은 결코 고가가 아니다. 하지만 항상 잊지 않고 챙겨주는 그 마음이 고마워서 이보다 감동적인 선물은 없다는 생각을 늘 한다.

"선생님과의 인연은 이미 꽤 오래전 일이니 이제는 그만 신경 쓰셔도 됩니다."

나는 여러 번 이렇게 말했지만, 그때마다 그분인 이렇게 말씀하셨다.

"아닙니다. 제가 저자라는 이름을 갖게 해주신 은인이신걸요."

이처럼 자상하게 마음을 쓰는 사람은 모든 일이 순조롭게 진행되어 부자가 될 수밖에 없었다는 생각에 고개가 절로 끄덕여졌다.

【○】 기부하는 습관이 있다

미국, 약 306조 원. 영국, 약 15조 원. 일본, 약 7조 7,000억 원. 이것은 무엇을 말하는 숫자일까? 바로 각 국가의 국민이 1년 동안 기부한 금액의 총액이다.

전체 인구 중 최근 한 달 동안 비영리 단체에 기부를 한 경험이 있는 비율이 가장 높은 곳은 영국으로 69%에 달했고 미국은 63%였다. 반면 일본은 23%에 불과했다.

이 세 나라의 기부 금액에 차이가 나는 까닭은 무엇일까? 미국과 영국에서는 부자들이 큰돈을 기부하는 것은 의무가 아니지만, 당연한 일이라는 사회적 분위기가 조성되어 있기 때문이다. 그렇다고 해도 기부자 비율이 70%에 가까운 영국이나 60% 이상인 미국에 비하면 일본인은 참으로 인색한 것 같다. 이런 차이는 돈의 많고 적음 때문에 발생하는 것이 아니다.

참고로 전 세계에서 기부자 비율이 가장 높은 나라는 미얀마다. 미얀마는 관련 조사에서 4년 연속 1위를 차지했다. 불교 국가인 미얀마 사람들은 여유가 있으면 있는 대로, 가난하면 가난한 대로 가진 것의 일정 부분을 기부한다. 기부가 생활의 일부로 뿌리를 내린 것이다.

몇 해 전, 미얀마를 여행했을 때 현지인 가이드가 사원을 안내하기 전에 관광객들에게 일본어로 "기부해주세요"라고 말하는 것을 들었다. 일본에는 한 번도 방문한 적이 없다는 것을 믿을 수 없을 정도로 유창한 일본어를 구사했다. 선진국 관광객을 전담하는 것으로 보이는 그는 비교적 부유한 일본인 관광객들이 기부에 인색하다 보니 직접적으로 부탁했던 것이다.

그 가이드가 부탁한 기부 금액은 3,000원 정도였다. 결코 큰 금액이 아니다. 하지만 이조차 가이드가 말하지 않으면 기부하지 않는다는 뜻이다.

그날은 온종일 내 마음에 찬바람이 불었던 기억이 지금도 선명하게 남아 있다.

【○】 행복하게 돈을 쓴다

캐나다의 한 연구진은 다음과 같은 실험을 실시했다. 연구진은 5달러가 들어 있는 봉투를 손에 들고 거리를 걷던 사람에게 다가가 이렇게 부탁했다.

"오늘 저녁 5시까지 이 5달러를 사용해주세요. 어떤 용도로 쓰든 상관없어요. 자신을 위해 사용해도 되고, 빚을 갚아도 됩니다. 누군가에서 선물을 해도, 자선 단체에 기부를 해도 좋습니다."

저녁이 되자 돈을 건넸던 연구진은 실험 대상자들에게 전화를 걸어서 물었다.

"어디에 돈을 쓰셨나요? 돈을 쓴 다음 기분에 변화가 있었나요? 지금 행복하다고 느끼시나요?"

자신을 위해 돈을 썼다고 대답한 사람은 "기분이 별로 달라지지 않았어요"라거나 "갖고 싶던 책을 샀는데 괜히 그랬나 싶어서 조금 찜찜했어요"라고 답했다고 한다.

한편 자신이 아닌 다른 누군가를 위해 돈을 썼다고 대답한 사람은 대부분 "기분이 좋아졌어요", "오늘은 참 행복한 하루네요"라고 답했다고 한다.

　미국의 과학지 〈사이언스〉에도 비슷한 연구 결과가 소개된 적이 있다. 이 논문에 따르면 보너스의 3분의 1을 사회를 위해 쓴 사람은 그렇지 않은 사람보다 행복 지수가 20% 높았다고 한다.

　최근 일본의 어느 신사에서는 새전함에서 돈을 훔쳐 가는 일이 반복되자 경찰에 신고했고, 일주일가량 수사를 한 결과 도둑을 체포했다는 뉴스를 보았다. 다른 곳도 아니고 새전함에 손을 댔다니 큰 벌을 받을 일이지만, 그보다 더 놀라운 것은 새전함의 내용물이었다. 그 큰 함 안에 들어 있던 것은 고작 655엔이 전부였다고 한다.

　돈을 더 많이 넣어야 바라는 복을 받을 수 있다고 말하려는 것이 아니다. 나는 특정 종교를 믿지 않지만 자신보다 남을 먼저 생각하고 나누려는 마음을 가진 태도는 반드시 어떤 모양으로든 자신에게 좋은 일들로 돌아올 것이라고 생각하기 때문이다. 그렇기에 무언가를 간절히 바라는 마음과 어울리지 않는 그 인색함이 아쉬울 따름이다.

05

부자들은 돈을
접어두지 않는다

: 돈을 대하는 진심 어린 마음

✳ 첫 번째:
고생해본 사람에게서
배운다

【○】 돈이 부족해도 행복하다

"저는 어린 시절에 단팥빵 한 개로 하루를 버텼어요. 그 작은 빵을 3등분해서 아침, 점심, 저녁 3번으로 나누어 먹었어요."

무심코 TV 채널을 돌리다 듣게 된 이야기에 내 손이 멈췄다. 화면에는 최근 활발히 활동하고 있는 한 배우의 얼굴이 보였다. 늘 화려하게만 보이는 그의 표정에는 과거의 그림자가 단 한 조각도 비치지 않는다. 그는 빈곤하게 자란 과거를 전혀 부끄러워하지 않았다. 그래서 TV에 나와서도 당당히 이야기할 수 있었을 것이다.

사연을 더 들어보니 아버지의 사업이 실패해 부도가 난 뒤 순식간에 그렇게 되었다고 했다. 가만히 보니 그의 부모님 중에서도 특히 어머니가 굉장히 밝은 사람이었다. 그의 어머니는 가족이 서로 깊이 사랑하고 있다며 그 행복을 매일 표현하고 행동으로 보여주면서 네 명의 자녀를 키웠다고 했다.

모델로 연예계 생활을 시작해 배우가 되면서 유명해진 그는 그렇게 부자의 세계에 들어갔다. 그는 번 돈을 부모님에게 보내려고 하면 늘 괜찮다며 완강히 거부한다고 한다. 그럼에도 그는 돈을 보낸다며 웃음을 보였다.

"이제는 제가 성공해 부모님께 돈을 보태드릴 수 있다는 게 정말 기뻐요."

지금은 떨어져 살고 있는 그의 부모님은 돈을 받으면 자녀들을 불러 다 함께 맛있는 것을 먹고 노래방에 가서 함께 즐긴다고 한다.

빈곤한 생활은 괴로움이 따른다. 하지만 그의 부모님은

자녀들이 빈곤을 고통이라고 느끼게 않도록 애썼다. 경제적 상황과 달리 유달리 분위기가 좋았던 그의 가족 중에서도 특히 부모님은 자녀들 앞에서 손을 잡고 안아주는 등 서로 사랑하는 모습을 보여주며 당당한 태도를 취했다고 한다. 그는 그런 부모님이 진심으로 자랑스러웠고 너무도 사랑했다며 미소를 지었다.

주변을 보면 그렇게까지 가난하지 않은데도 늘 돈 문제로 부부 사이가 악화 일로를 걷는 가정이 생각보다 많이 보인다. 그런 부부들은 애정 넘치는 가정에서 자라난 아이가 훗날 얼마나 긍정적인 결과를 가져오는지 생각해보기 바란다.

사람은 상상하는 것 이상의 힘을 가지고 있다. 아무리 가난하고 괴로운 상황에 놓여 있더라도 사랑이 있다면 자녀들은 온순하고, 강하게 그리고 밝고, 긍정적으로 자라날 수 있다.

그럭저럭 돈이 있어 경제적으로는 부족함을 느끼지 않더라도 가족이 각자 다른 곳을 바라보며 서로를 아끼고 생각하지 않는 가정이 있다. 이렇게 정신적으로는 가난한 가정에서는 꿈도 희망도 자라날 수 없다. 당연히 부자가 될 리도 없다.

가난한 환경에서 성장한 사람, 그런 환경에 개의치 않은 채 밝고 즐겁게 살아온 사람. 나는 그런 사람들을 누구보다 먼저 만나보고 싶다. 사람에게 무엇이 가장 소중한지는 이런 사람들에게서 배울 수 있다.

【○】 땀 흘려 돈 버는 기쁨을 안다

돈은 분명히 없어서는 안 된다. 돈이 없으면 생명을 지킬 수도, 배울 수도, 심지어 놀 수도 없다. 그렇지만 돈이 전부가 아니라는 사실도 마음에 꼭 새겨두자.

부자들은 세상의 그 무엇보다 돈을 가장 소중히 여기고 돈만 바라보고 생각하며 살아왔다고 판단하기 쉽지만, 사실은 그렇지 않은 사람이 훨씬 많다. 부자가 되는 지름길이 있다면 하고 싶은 일이나 사명감을 느끼는 일에 진지하게 몰두하는 것이라고 할 수 있다.

실제로 대부분의 부자는 좋아하는 일을 시작해 열중하게 되고 마침내 그 세계를 정복한다. 그리고 결국에는 완벽한 성취감, 충족감을 손에 넣는다. 막대한 돈까지 손에 거머쥐는 것은 당연하다.

마이크로소프트의 창업자 빌 게이츠, 테슬라의 창업자 일론 머스크는 사업을 시작할 때 자산이 거의 없었지만 끊임없이 꿈을 따라간 결과 엄청난 자산을 축적하면서 세계적인 부자가 되었다.

지인 중에는 가난한 나라 사람들의 생활 수준을 끌어올리는 것에 평생을 바친 분이 있다. 여행을 좋아했던 그는 아시아 여러 나라를 여행하다 빈궁한 현지 사정을 목격하게 되었다. 이후 그곳 사람들의 생활을 조금이라도 풍요롭게 바꿔주겠다는 마음에 사로잡혀 지금까지 왔다고 한다.

그는 자신이 번 돈을 그저 기부하지 않는다. 대신 그곳 사람들이 안정적인 직업을 갖고 일을 할 수 있도록 해 스스로 돈을 벌어 환경을 바꾸도록 애쓴다.

같은 돈이라도 누군가로부터 받은 것과 스스로 땀흘려 벌어들인 것은 만족감이 크게 다르다. 그는 이 사실을 잘 알고 있었다. 그랬기에 자신의 힘으로 환경을 바꿔나가지 않는다면 진정한 의미의 충족감을 맛볼 수 없다고 생각했다.

그는 가장 먼저 그곳 사람들이 돈을 벌 수 있는 시스템을 만들기 위해 전력을 다했다. 일단 땅을 확보해 공장을 세우고 재봉틀 몇십 대를 마련했다. 그리고 다음 과정으로 사람들에게 봉제 기술을 하나부터 열까지 가르쳐 전 세계 어디에 내놓아도 부끄럽지 않은 품질의 제품을 생산하게 되었다. 더 나아가 그렇게 만들어진 제품의 유통 경로도 개척해 정당한 가격으로 팔 수 있는 곳을 찾아냈다. 그가 이 모든 과정을 수행하는 내내 잊지 않았던 한 가지는 자신의 계획에 동의하고 함께하려는 사람들을 모으는 것이었다.

그는 휴가는 물론이고 단 며칠 쉬는 것조차 생각하지 않은 채 일하고 있다. 그럼에도 변화되는 사람들을 보면 한없이 풍요롭고 만족스럽다고 한다.

[○] 아등바등 살지 않는다

앞에서 소개한 봉사에 인생을 바친 지인이 손에 쥐는 돈은 결코 많지 않다. 그렇지만 그는 자신이 하고 있는 일에 진심으로 만족하고 있다. 젊은 시절 여행지에서 했던 결심을 어떻게든 실천하겠다는 굳은 의지가 있고, 그 일을 통해 보람을 느끼고 있기 때문이다.

최근에는 그를 돕는 부자들도 늘어나고 있다. 그의 프로젝트에 힘을 보태는 크라우드 펀딩에 큰돈을 내고, 일본에서 제품이 판매되도록 힘써주고 있다. 어려운 환경을 스스로 바꿀 수 있도록 돕기 위해 필사적으로 노력하는 그의 모습이 부자들의 마음을 움직인 것이다.

또 다른 사례를 소개한다. 학창 시절에 유망한 유도 선수였던 한 지인이 있다. 그는 대학을 졸업한 후 제약 회사의 직원으로 일하게 되었다. 그렇게 선수 생활은 접었지만, 주말마다 유도복을 입었다. 왜냐하면 주변에 사는 아이들에게 유도를 가르치게 되었기 때문이다. 누구의 도움도 받지 않고 자비로 운영하다 보니 적지 않은 비용을 쓰고 있지만, 이 활동이 활력소가 되어 무척 만족스럽다고 했다.

'무엇을 위해 일을 하는가?', '무엇을 삶의 보람으로 느끼며 살아가는가?' 이 질문에 "그저 먹고살기 위해 아등바등산다"라는 답을 할 수밖에 없다면 너무 빈곤한 인생은 아닐까.

정신적인 빈곤은 현실의 빈곤함에서 비롯되는 법이다. 항상 마음 한구석이 채워지지 않고 비어 있다고 느껴진다면 자신의 삶을 돌아보자. 진정한 풍요로움은 돈으로만 얻을 수 있는 것이 아니다. 이것을 깨달으면 쥐고 있는 돈의 가치가 달라진다.

[○] 늘 돈을 어디에 쓸지 고민한다

2장 중 '감사 표현에 익숙하다'(66쪽)에서는 개발 도상국 지원을 위해 매달 많은 돈을 쓰고 있던 한 사장을 소개했다. 그는 '다음에는 어디에 무엇을 보내 도움을 줄 것인가?'를 매번 고민한다고 했다.

돈으로 기부하면 간단하겠지만, 그는 가능하면 물건을 보내고 싶어 했다. 예전에 국제 봉사 활동 단체를 자처하는 곳에 큰돈을 기부했는데 제대로 쓰이지 않고 결과적으로 사기를 당한 경험이 있다 보니 도움이 필요한 곳을 스스로 찾아 연락하게 되었다고 한다.

봉사나 기부 활동에 대한 이야기는 차치하고, 그 사장은 자신이 지금처럼 부자가 될 수 있었던 이유를 이렇게 설명했다.

"저는 오는 사람을 막지 않습니다. 일단 상대방이 원하는 것을 전력으로 지원합니다. 저는 지금까지 그 원칙을 고수해왔을 뿐이에요."

그 사장은 현재 다양한 사업을 전개하고 있는데 모든 사업에 공통적으로 적용하는 경영 방침은 '누구도 거부하지 않는 것'이다. 지금이 순간에도 어떤 사람이든 받아들여서 최선의 대응을 하는 것을 원칙으로 삼고 있다.

✳ 두 번째:
돈 쓸 줄 아는
사람의 특징

[○]　상대방의 체면을 살려준다

한 선배를 중심으로 오랜만에 술자리를 가졌다. 분위기가
무르익으면서 어느새 테이블 위에는 빈 술병과 안주 접시
가 수북하게 쌓여갔다. 이제 슬슬 마무리하자는 이야기가
오가며 계산 이야기가 나왔다. 다들 당연히 더치페이를 할
생각이었는데 모임을 주도한 선배가 이렇게 말했다.

"오늘은 내가 낼게. 오랜만에 만났으니까 내게도 기회
를 줘."

이렇게 말한 선배는 재빨리 계산서를 들고 계산대로 향했다. 이때 다음과 같이 두 가지 반응을 보이는 사람들이 있었다.

"안 돼요, 선배님. 같이 나눠 내요."

"감사합니다. 선배님의 호의는 잊지 않을게요! 잘 먹었습니다."

이런 두 사람 중 누가 부자가 될 가능성이 높을까? 내 생각은 후자다. 어떻게 뻔뻔하게 반응한 쪽이 더 낫다고 생각하느냐며 의아하게 생각하는 사람도 있을 것이다. 하지만 선배가 먼저 오늘은 자신이 내겠다고 말한 이상 순순히 받아들이는 것이 선배의 체면을 세워주고 호의를 인정하는 태도이다.

선배의 주머니 사정을 잘 알기에 걱정하는 마음이었다면 할 말은 없지만, 선배의 뜻을 꺾으려 계속해서 버틴다면 선배의 체면에 금이 갈 것이다. 또한 모처럼 좋아진 분위기에 찬물을 끼얹는 꼴이 될 수도 있어 그날의 모임이 헛된 시간이 될 수도 있기 때문이다.

우리는 선배에게 정중히 감사 인사를 하면서 헤어질 때 이렇게 말했다.

"오늘 정말 잘 먹었습니다. 오랜만에 선배님을 만나서 즐거웠어요. 다음 기회에 오늘 못 들었던 선배님의 다른 경험도 듣고 싶어요. 그래도 다음에는 더치페이로 해서 저희에게도 기회를 주시면 좋겠어요."

이렇게 말하면 선배의 체면을 세워줄 수 있고, 다음에는 부담 없이 만나자는 의사도 자연스럽게 전달할 수 있다.

【○】 가성비와 싸구려를 구분할 줄 안다

'가성비가 좋은 것'과 '싸구려'는 다르다. 일본에서는 디플레이션이 장기화되면서 최근에는 3,000원짜리 셔츠나 블라우스, 5,000원짜리 스커트나 바지 등 믿을 수 없을 정도로 값싼 물건이 판매되고 있다. 물론 그중에는 좋은 물건도 있겠지만, 대부분 구매했다가 후회하게 되는 물건이 많다. '그 가격다운' 품질의 물건이 많고, 염색 상태나 봉제 상태도 부족한 경우가 많다. 이런 것을 몸에 걸치고 있으면 그 사람까지 저렴해 보인다.

경제적으로 여유가 있어도 물건을 싸게 파는 매장이나 세일 코너를 그냥 지나치지 못하는 사람이 의외로 많은 것은 왜일까? 많은 경우 같이 있던 친구가 "와, 싸다. 나 이거 살래"라고 하면 나도 기회를 놓친다는 마음에 덩달아 사게 된다는 말을 하며 지갑을 열하곤 한다. 하지만 부자들은 이런 마음을 억누르고 쓸데없이 돈을 쓰지 않으려고 노력한다.

본래 가성비가 좋다는 말은 가격 대비 성능이 좋다는 뜻이지만, 최근에는 그저 가격이 싸다는 뜻으로 더 자주 쓰이는 듯하다. 싸구려 물건을 싸게 사는 것은 결코 이득이라고 말할 수 없다.

오랫동안 알고 지낸 어느 마케팅 회사의 사장은 경제 감각이 뛰어났다. 그에게서 이런 말을 듣고 깊이 공감한 적이 있다.

"간혹 누군가로부터 '이 물건 싸게 잘 샀다'는 말을 들으면 자기도 사야겠다고 하는 사람이 있어요. 정말 어리석다고 생각하지 않아요? 어떤 물건을 사려고 전부터 계획했는데 세일을 하고 있었다면 싸게 잘 산 것이지요. 하지만 살 마음이 없던 물건을 충동적으로 사놓고 싸게 잘 샀다고 할 수 있을까요? 사실은 손해를 본 것이지요."

나는 이 말을 들은 후로는 세일을 하더라도 계획하지 않았거나 당장 필요하지 않은 물건에는 손을 대지 않도록 자제하고 있다.

【○】　분수에 맞게 행동한다

나는 해외로 여행을 갈 때마다 면세점에 들어가 살까 말까 고민하던 물건이 있었다. 바로 에르메스 브랜드의 캐시미어 머플러다. 매번 가격표에서 0이 몇 개인지 세어보다가 결국 구매를 포기하곤 했다. 평생 쓸 수 있는 물건이니 과감히 사자고 몇 번이나 마음을 먹었지만, 막상 지갑을 열려고 하면 지나치다 싶은 가격에 늘 포기하곤 했다. 그 머플러가 너무도 가지고 싶은 마음에 가끔은 인터넷에 나도는 가품을 사서 대충 쓸까 하는 생각도 했었다.

최근 시중에 나도는 유명 브랜드의 가품은 기술이 좋아져 세부적인 부분까지 충실히 복제해 만든다고 들었다. 때로는 전문가조차도 정품으로 속을 때가 있다고 하니 그 정교함의 정도가 어느 정도까지 발전했는지 짐작할 수 있다.

유명 브랜드의 가품은 많이들 찾는 가방에서부터 넥타이, 손목시계, 운동화, 전자제품, 화장품, 의약품에 이르기까지 온갖 종류가 존재한다. 가품으로 인한 경제적 손실은 전 세계적으로 1조 2,000억 달러나 된다고 한다.

진품이라고 믿고 구입한 경우에는 어쩔 수 없다지만, 처음부터 가품인 것을 알고도 구매하는 것은 상당히 부끄러운 행동이다. 가품을 진품처럼 가지고 다니며 흡족해하는 모습은 다른 사람들이 보기에 비루하고 궁상맞게 비친다는 것을 꼭 기억하자.

만약 명품을 손에 넣을 형편이 되지 않는다면 미련 없이 포기하자. 아니면 그것을 갖기 위해 열심히 일해 돈을 모아야 한다. 혹은 절충점을 찾을 수도 있다. 자신이 지불할 수 있는 최대한의 예산을 따져보고 그 안에서 가장 마음에 드는 상품을 구매한 뒤 자신만의 감각으로 소화해보자. 자신의 형편에 맞춰 현실적인 선택을 하는 것이다.

이렇게 분수에 맞고 자신만의 라이프스타일을 유지할 줄 아는 사람은 결코 초라하게 보이지 않는 것은 물론이고 다른 사람들로부터 호감을 살 수도 있다.

【O】 자기 긍정감이 높다

"이번에 자동차를 새로 바꿨어. 전에 타던 자동차는 꽤 오래 탔거든."

친구나 지인으로부터 이런 이야기를 들으면 부러워하는 사람이 생각보다 많다. 하지만 사람들의 형편은 제각각이고, 솔직하게 고백하지 않는 한 정확히 알기도 어렵다.

부럽게만 보이는 상대방의 모습은 그가 꾸준히 노력해서 정당하게 얻어낸 것이 아닐 수도 있다. 어쩌면 산더미 같은 대출을 끌어안고 무리해서 자동차를 구입했을지도 모른다. 혹은 그의 부모가 부자라서 마련해줬을 수도, 재산 상속을 받았을 수도 있다. 세상은 참 불공평하다고 말하고 싶기도 하지만, 아무리 부러워한들 어찌할 수 없다.

남을 부러워하는 마음은 정도의 차이는 있지만 누구나 갖고 있다. 문제는 그 마음이 지나치게 강해서 상대방의 행복을 함께 기뻐하지 못하고 질투하게 될 때 발생한다.

내가 어찌하지 못하는 일로 스트레스를 받는 것만큼 어리석은 일도 없다. 남은 남이고, 나는 나다.

부러운 마음을 억누를 수 없을 때는 상대방을 보지 말고 나 자신을 가만히 들여다보자. 그리고 자신만의 좋은 점을 찾아보자. 그러다 보면 생각보다 나의 상황도 나쁘지 않다는 것을 깨닫게 될 것이다.

부자들은 이런 발상의 전환을 매우 능숙하게 한다. 지금은 부자인 사람들도 인생의 시작점에서는 아무것도 가진 것이 없었던 사람이 압도적으로 많다. 그럼에도 다른 사람을 그저 부러워하지만 않았고, 부러운 마음이 들면 자신의 좋은 점을 발견해서 다른 각도로 자신의 행복을 확인해갔다. 이런 발상을 전환은 자기 긍정감을 높인다. 자기 긍정감이야말로 행복하게 살아가도록 도와주는 가장 중요한 열쇠다.

부자들이 다른 사람을 그저 부러워하는 사람을 가까이 두지 않는 이유가 여기에 있다. 그 사람의 조건과 환경이 좋은지 그렇지 못한지는 중요하지 않다. 부자가 중요하게 보는 것은 자기 긍정감의 정도이다. 자기 긍정감이 높은 사람을 가까이 두면 자신도 긍정적인 사고에 물들어 더욱 자신 있는 태도를 갖고 계속 앞으로 나아갈 수 있다.

✱ 세 번째:
돈 쓸 줄 모르는
사람의 특징

【✕】 **꼼꼼하고 철저하게 따진다**

나는 "돈을 다루는 방식을 보면 인품을 알 수 있다"라는 말에 100% 동의한다. 수중에 있는 돈을 거리낌 없이 쓰는 사람의 인품은 그리 좋아 보이지는 않지만, 인색한 사람도 결코 좋아 보이지는 않는다.

더치페이를 할 때도 100원 단위까지 계산해서 세세히 따지는 사람을 보면 쩨쩨하다는 생각만 든다. 이런 행동은 누군가가 반드시 기억한다. 어중간한 금액은 과감히 무시한 뒤 각자 부담할 금액을 계산해 부족한 돈은 조용히 부담해도 될 것을 말이다.

다만 이것만으로 부자가 될 수 있다고 할 수는 없다. 하지만 이 정도의 대범한 인품은 누구에게나 호감을 불러일으키기 때문에 결국 긍정적인 평가로 이어질 수 있다.

현재 사장인 내 지인 중 한 명은 중학교를 졸업하고 목수 밑에서 일을 배워 창업을 했다. 그는 자신이 가진 기술을 살려 한 동짜리 작은 호텔을 세운 것을 시작으로 지금은 전국에 100여 곳의 비즈니스 호텔을 운영하는 부자가 되었다.

그는 회사를 상장했을 무렵 유명 대학을 졸업하고 유학 경험이 있는 인재를 영입해 경영 책임자에 임명했다. 그런 엘리트를 회사에 데려왔다는 것이 꽤 기분 좋았던 모양인지 처음에는 누구를 만나든 들뜬 목소리로 그를 소개할 정도였다. 그런데 2년 사이에 그를 해고했다는 소식이 들려왔다. 실적이 떨어진 것도, 불미스러운 일이 있었던 것도 아니었다.

얼마 후 사장과 술을 마실 기회가 있었다. 대화를 나누다 보니 자연스레 그의 이야기가 나왔다. 사장은 어째서 그를 떠나보냈는지 털어놓고 싶었던 모양이었는지 묻지 않았는데도 조금씩 이야기를 꺼내기 시작했다.

"그는 지독한 구두쇠였어요. 아주 사소한 금액까지 경비로 처리해달라고 정색을 하며 말하더군요."

직원들에게 점심은 물론이고 커피 한 잔조차 사는 법이 없었다. 그것을 미국식 실용주의라고 믿는 듯했다고 사장은 한탄했다.

한번은 이런 일이 있었다. 회사에 잉여금이 다소 쌓이자 사장은 그 경영 책임자에게 한 가지 제안을 했다. 개발도상국의 아이들을 위해 현지에 학교를 세우자고 한 것이다. 이런 활동은 사내 구성원들도 자랑스럽게 생각할 것이고 사회적 평판도 좋아질 수 있는 결정이었다. 그런데 경영 책임자는 극렬하게 반대했다. 그런 목적으로 돈을 쓰기에는 아깝다는 게 이유였다. 그 아이들은 누가 학교를 세워줬는지 알지 못할 것이고 알려고도 하지 않을 것이라며 그저 자기만족에 불과하고 돈을 버리는 것이나 다름없다고 주장했다.

"그의 기본적인 태도는 누가 알아주었으면 좋겠고, 인정받고 싶다는 거잖아요. 기부한 것이 널리 알려지지 않으면 아깝다고 생각하는 것 같았어요. 그런 모습을 보고 있자니 더 이상 그와 함께 회사의 미래를 그리는 것은 불가능하겠다고 판단했습니다. 실력이 뛰어났기에 아까운 마음은 있었지만요."

이렇게 말하는 사장은 씁쓸한 표정을 지었다.

나는 그가 옳았다고 생각한다. 기부나 봉사 활동을 광고 효과가 얼마나 되느냐로 판단하는 것은 돈을 주고 명예를 사는 행위밖에 되지 않는다. 또한 본래의 의미가 퇴색되는 것이므로 더 안타까웠다.

부자들은 다른 사람으로부터 인정을 받고 감사하다는 말을 들으려고 애쓰지 않는다. 오히려 다른 사람의 기쁨을 자신의 기쁨이라고 생각한다.

조건 없이 다른 사람에게 도움의 손길을 내밀 수 있는 사람은 그 돈이 어디서 나왔는지 세상이 알아주기를 바라지 않는다. 상대의 기쁨을 자신의 기쁨처럼 느끼는 사람과는 꿈과 희망을 공유할 수 있다.

이와 완전히 반대에 있는 인색한 사람과 만나면 애써 품은 꿈과 희망은 사그라지고 기쁨은 손에 넣을 수 없게 된다. 아무리 돈이 많더라도 나는 이런 사람을 부자라고 부르고 싶지 않다.

[×]   시계, 자동차, 동행인을 주시한다

내가 만났던 한 사장은 새로운 사람을 만나게 되면 "어떤 자동차를 타세요?"라고 묻곤 했다. 나는 그 모습을 이상하게 생각해서 이유를 물어보았다.

"타고 있는 차, 손목의 시계, 동행한 사람. 이 세 가지를 보면 상대방의 경제적 수준을 알 수 있거든요. 사회적으로 인정받고, 돈벌이가 확실한 사람은 그에 맞는 물건과 사람을 지니고 있는 법이지요."

나는 그의 대답에 적잖이 놀랐고 이후로는 거리를 두었다.

어떤 의미로 그렇게 말했는지 이해되는 부분도 있다. 하지만 상대방의 주머니 사정이나 사회적 지위를 측정하려는 속셈은 결코 마음에 들지 않았다.

그 사장은 개인적으로 벤틀리와 페라리를 소유하고 있는데 외출 목적이나 그날의 기분에 따라 차를 골라 탄다고 했다. 사람들의 시선을 의식해서 불편하지만 업무용으로는 렉서스를 탄다고 말하기도 했다.

나는 대단한 부자가 아닌 데다 고급 시계에는 관심이 없다. 간혹 취재를 위해 만난 사람이 "이 시계 한번 보세요. 어때 보여요? 꽤 비싸게 주고 샀거든요. 국내에서는 구하기도 쉽지 않았어요"라며 자랑스럽게 손을 내밀어도 뭐라 답해야 할지 난감할 뿐이다. 아는 것이 없다 보니 얼마나 비싸고 희귀한 시계인지 짐작할 수도 없기 때문이다.

그가 말한 "동행한 사람"에 대해 이야기를 해보자. 한 사람을 판단하는 데 동행한 사람의 재력까지 살펴보고 분석해야 하는지 나로서는 잘 이해할 수 없다. 어느 정도 '급'의 사람과 어울리는지를 보겠다는 뜻일 것이다. 하지만 그 사람과의 관계가 얼마나 진정성 있는지가 중요하지 않을까? 단순히 돈을 보고 어울리는 관계라면 아무 쓸모없는 관계는 아닐까.

최고급 슈퍼카를 타든, 쉽게 볼 수 없는 고급 시계만을 고집하든 그것은 자유다. 자동차에 특별히 의미를 부여하는 사람도 있고, 시계를 매우 좋아할 수도 있을 것이다. 하지만 그것을 부자의 증거라고 믿고 만나는 사람마다 과시하는 그 사장의 마음은 그 누구보다 가난하다고 생각한다.

내가 돈이 얼마나 있는지 주변 사람에게 과시하지 않으면 자신의 존재감을 드러내지 못한다고 생각하는 사람이 앞으로 큰일을 해내거나 주변 사람들을 설득해 함께 일을 할 수 있다고는 생각하지 않는다.

이제는 예전 이야기일지도 모르지만, 영국인은 정말 부자일수록 한눈에 부자라고 느껴지는 복장이나 물건을 지니지 않는다고 들었다. 한 예로 매일 같은 스웨터를 입는 신사가 있었다. 사람들은 그가 '단벌 신사'라고 생각해 누구도 그를 부자라고 여기지 않았다. 그런데 사실 그는 그 지역 최고의 부자였다. 그의 옷장에는 완전히 같은 소재, 같은 색, 같은 디자인의 스웨터가 수십 장 쌓여 있다고 한다. 내가 만약 부자가 된다면 이런 멋을 즐기고 싶다.

【×】 상대방의 상황에 관심이 많다

대학을 졸업하고 세월이 지나면 각자의 입장은 크게 바뀐다. 동창을 만나 술을 마시는 자리에서 서로 명함을 교환하면 이런 대화들이 오가곤 한다.

"와, 벌써 직급이 이렇게 돼? 대단하네."

"아니야. 네가 다니는 곳처럼 대기업도 아닌걸."

"그래도 연봉은 많이 올랐지? 지금은 얼마나 받아?"

연봉은 사회적으로 평가하는 하나의 엄연한 잣대이기에 궁금하고 묻고 싶은 것은 어쩌면 당연하다. 하지만 자연스럽게 물어도 되는 것과 그렇지 않은 것이 엄연히 존재한다. 연봉은 명백히 후자에 속한다. 아무리 궁금하더라도 자제하는 것이야말로 당연히 지녀야 할 태도는 아닐까?

상대방이 전에는 보지 못했던 새로운 물건을 가지고 왔을 때 대뜸 이렇게 묻는 사람이 있다.

"이 가방 좋아 보이네. 제법 비싸게 줬을 것 같은데? 말해봐, 얼마야?"

"좋은 시계로 바꾸었네? 적어도 몇백만 원은 하겠는데?"

상대방이 가진 물건의 가치를 평가하는 것은 품위가 없는 태도이다. 이런 질문을 습관적으로 반복하다 보면 어느새 상대방은 이런저런 이유를 대며 만나주지 않을 것이다.

사람을 지갑의 두께로 판단해서는 절대 안 된다. 확인해야 할 것은 내면의 깊이와 가치다.

【✕】　사소한 문제가 반복된다

빌려준 돈을 받지 못해 소송까지 가는 심각한 문제가 아니더라도 세상에는 다양한 규모의 금전 문제가 심심찮게 발생한다. 예를 들어 수도나 전기 등 공공요금을 납부하지 않거나, 거래처에서 청구서가 도착해도 결제하지 않은 채 방치하는 경우 등이다.

사람 사이의 관계에서도 다양한 금전 문제가 생긴다. 함께 식사를 하고 돈을 낼 때가 되면 능구렁이처럼 이렇게 말하는 사람도 있다.

"어쩌지, 지갑을 잊고 안 가져왔네. 다음에 줄 테니까 내 것까지 좀 내줘."

사소할 수 있는 금전 문제가 반복되는 사람은 머지않아 큰 문제를 가져올 가능성이 크다.

부자들은 상대방이 자신보다 부자라고 해서 당연하다는 듯 받기만 하려는 태도를 가진 사람도 가까이 하지 않는다.

✳네 번째:
돈은 수단일 뿐
목표가 아니다

【O】 돈 이야기를 즐긴다

삶에서 **빼놓을** 수 없는 대화 주제를 하나만 꼽자면 바로 돈이 아닐까 싶다. 돈이야말로 모두의 인생에서 가장 중요한 요소 중 하나다. 그런데도 돈을 대화의 주제로 삼는 것을 품위 없는 태도라고 하는 사람들이 있다. 어째서일까? 검소와 절약이 미덕이었던 시대의 흔적일까? 돈에 대해 이야기하는 것을 품위 없는 태도라고 생각한다면 절대로 부자가 될 수 없다고 단언할 수 있다.

돈은 자신의 땀과 역량으로만 얻을 수 있다. 즉 돈은 자신에 대한 가장 냉정하고 정확한 평가인 것이다. 자신이 받는 급여에 대한 이야기는 좀 더 당당히 해도 된다.

그렇게 하기 위해서는 평소 돈에 관한 일을 당당히 이야기할 수 있어야 한다. 아이가 돈의 이야기를 하면 부모는 대개 아이의 말을 자르며 이렇게 말하곤 한다.

"아직 너처럼 어릴 때는 돈에 대해 그렇게까지 생각하지 않아도 돼."

이렇게 반응하면 아이는 돈에 대한 올바른 가치관을 습득할 수 없고, 돈을 대하는 올바른 자세도 확립할 수 없게 된다. 더 멀리 보면 돈 이야기를 좀 더 자유롭게 하는 사회를 만들 수도 없다.

일본의 유명 투자가 무라카미 요시아키는 10세가 되었을 때 그의 부모가 1,000만 원을 주면서 대학을 졸업할 때까지 이 돈으로 용돈을 쓰라는 말을 들었다고 한다. 그는 이 돈을 투자해 대학 졸업 때까지 용돈으로 쓴 것은 물론이고 돈을 불리는 지식과 기술을 확실히 익힐 수 있었다.

무라카미는 자신의 네 아이에게도 같은 제안을 했다고 한다. 관리를 잘하는 아이도 있었고, 그렇지 않은 아이도 있었다고 한다. 각자 개성이 다르다 보니 어떻게 투자할 것인지 강요하지는 않았지만, 돈이라는 주제는 집에서 매일 등장하는 대화 소재였다고 한다. 예를 들어 아이들과 이런 대화를 나누는 것이다.

"꽁치는 제철이 아닐 때는 살이 없고 마른 것도 한 마리에 5,000원을 주어야 해. 하지만 제철이 되면 통통한 꽁치도 1,500원이면 살 수 있어. 어째서일까?"

이런 대화를 통해 가치는 수요와 공급으로 정해진다는 경제 원리를 이해시키는 식이다. 무라카미는 "돈에 대해 안 좋은 이미지를 품는 사람들이 있어요. 하지만 이유 없이 돈을 싫어해도 기분만 안 좋을 뿐이죠. 그만큼 인생의 가능성도 좁아질 겁니다"라고 말하며 돈 이야기의 중요성을 강조한다.

무라카미가 집에서 아이들과 나누는 대화처럼 돈에 대해 꾸준히 듣고 생각하며 자란 아이는 그렇지 않은 아이보다 부자가 될 가능성이 훨씬 커질 것이다.

【×】 운을 중요하게 여긴다

혹시 여러분은 해외여행을 떠나서 카지노를 즐겨본 적이 있는가? 많은 사람들이 해외로 여행을 떠나면 호기심에 한 번쯤은 카지노에 방문해 잠시나마 '잭팟'을 기대하며 즐기곤 한다.

역사 기록을 보면 고대 이집트나 로마 시대 사람들도 도박을 즐겼다고 하니 도박에 열중하는 것은 인간 본성의 일부일지도 모른다.

일본인은 세계적으로도 도박을 좋아하기로 소문이 나 있다. 파친코 매장에는 평일 아침부터 손님으로 가득하고, 경마, 경륜, 경정 등도 늘 성황이다. 절제하고 적당히 즐길 수만 있다면 다른 사람의 눈치를 볼 필요가 없다. 그러나 도박에 심취해 중독 수준이 되면 가진 돈을 다 쏟아붓는 것은 물론이고, 여기저기에서 돈을 빌리면서 결국 인생을 망치기도 한다.

부자가 도박에 빠진 사람과 관계를 맺지 않는 이유는 상대방의 분위기에 휩쓸려 경제적 파탄을 겪게 될까 두려워하기 때문만은 아니다. 도박에 심취한 사람을 가만히 보면 대부분 화를 잘 낸다. 그러다 보면 사리 분별을 제대로 하지 못한다. 그런 사람은 친구나 연인, 직장 동료로 두기가 망설여지기 마련이다.

도박에 잘 빠지는 사람인지 아닌지는 사소한 말 습관으로 간단히 구별할 수 있다.

"나는 오늘 프레젠테이션 잘 끝나고 계약 따낸다는 것에 걸겠어요."

이런 식으로 어떤 일이든 "건다"는 표현을 쉽게 사용하는 사람이 대표적이다. 다른 흔한 예로는 신문의 운세 코너를 보고 진지하게 이렇게 말하는 사람을 들 수 있다.

"오늘 나는 조심해야 하는 날이래. 그래서 행운의 색깔이라는 핑크색 아이템을 가지고 왔지."

당연한 이야기지만, 복권을 지속적으로, 그것도 대량으로 구매하는 사람도 피하는 것이 좋다.

[O]　관계를 끊을 용기가 있다

세월은 사람을 예상하지 못했던 모습으로 바꿔놓기도 한다. 처음 만났을 때는 열심히 노력하는 좋은 사람이었는데 작은 좌절을 시작으로 일이 잘 풀리지 않게 되면서 정신적으로 황폐해져 매일 술독에 빠진 모습을 보기도 했다. 만약 여러분의 친구가 그렇게 된다면 어떻게 할 것인가?

아버지로부터 작은 채소 가게를 물려받은 한 지인은 가게를 확장하기로 결심해 실행에 옮겼다. 지금은 다양한 상품을 판매하는 마트로 바꾸어 3개의 점포를 운영하면서 프랜차이즈 마트의 공세에 열심히 대항하고 있다.

어느 날, 그랬던 그가 머뭇거리며 이런 이야기를 꺼냈다. 사실 그는 중학교부터 고등학교 시절까지 지역에서는 제법 유명한 투수였다. 당시 그와 호흡을 맞추었던 포수 친구는 유명 대학 야구부에 진학했지만, 졸업 후 프로 구단에 들어가지는 못해 직장인이 되었다. 그런데 이 친구는 월급쟁이로 인생을 마무리하기 싫다며 사표를 던지고 호기롭게 회사를 설립했다. 하지만 안타깝게도 설립 직후 위기를 겪었고, 결국 부도를 내고 말았다. 이 때문에 얼마간 저축했던 돈은 물론이고 집까지 전부 잃게 되었다.

지인의 친구는 그런 일을 겪었음에도 아직 꿈에서 깨어나지 못했다. 중고교 시절 선수로 활동할 때 이름이 알려져서 으쓱했던 경험을 잊지 못하는 것 같다고 했다. 부도 후에도 "운이 나빴던 것뿐이야. 이번에는 제대로 할 거야"라고 호언장담하더니 친구나 전 동료들을 찾아다니며 계속 돈을 빌렸다. 그 돈으로 다시 사업을 일으켰다면 모르겠지만, 매번 일확천금만 노렸던 그 친구는 결국 도박에까지 손을 대고 말았다. 이후의 결과는 말할 필요도 없이 예상한대로다.

어느 날, 그 지인은 어려운 결심을 했고 그 친구에게 마지막 선언을 했다.

"언제까지 나한테 기댈 작정이야? 나도 더 이상은 못 참아. 오늘부터 우리 관계는 끝이야."

이렇게 반응한 그를 차갑다거나 친구인데 좀 더 도와줘야 했다며 비난하는 사람도 있을 수 있다. 그 지인도 갈등

했다고 한다. 하지만 마냥 도와주는 것은 진정으로 친구를 위한 선택이 아니라는 생각을 했다고 한다. 애끓는 마음으로 서로에게 도움이 되지 않는 관계를 정리한 것이다. 나는 이렇게 결단할 수 있는 사람을 높이 평가한다.

부자들은 애정을 갖고 있는 가까운 사이라고 할지라도 서로에게 도움이 되지 않으면 냉정한 결단을 내릴 줄 안다. 왜 관계를 끊어내야만 했는지 진심을 깨닫고 다시 일어설 수 있기를, 두 사람의 우정이 부활하기를 기대한다.

06

부자들은
적당한 거리를 둔다

: 산뜻하고 담백한 관계의 묘미

✳ 첫 번째:
이것이 어른스러운 관계다

【○】 산뜻하고 담백하게 관계한다

"너는 왜 결혼 생각을 안 해? 혹시 예전에 무슨 일이라도 있었어?"

"꽤 괜찮은 아파트에 살고 있다고 들었어. 부모님 도움 없이 우리 회사의 박봉만으로는 그런 곳에서 살 수 없을 텐데. 부모님 직업이 꽤 괜찮으신가 봐?"

조금만 친해지면 이런 식으로 다른 사람의 영역에 서슴없이 침범하는 사람이 있다. 사실 상대방의 내밀한 이야기는 언제 들어도 흥미진진하기 때문이다. 백번 양보해 이는 모든 사람이 똑같이 느끼는 것이라고 생각할 수도 있다. 하지만 어느 지점부터는 아무리 친하다고 해도 접근하면 안 되는 영역이 분명 존재한다. 위의 질문을 마구 던지는 사람은 그런 기준 자체가 없는 사람이다.

만약 누군가로부터 그런 질문을 받았을 때 굳이 숨길 필요가 없다고 생각했다면 이것 하나만은 꼭 각오하자. 무심코 한 가지 질문에 답을 하면 다음 질문은 더욱 깊은 곳을 향하게 될 것이다.

지금까지 내가 '평생 함께할 친구'라고 생각한 사람은 때로 서먹서먹하다는 생각이 들 정도로 나의 개인적인 사정을 궁금해하지 않았다. 내가 먼저 말을 꺼내지 않는다면 그는 죽을 때까지 몰랐을 것이다.

그렇게 그는 나의 내밀한 사정을 묻지 않았지만, 평소에 나누는 대화를 통해 자연스럽게 나의 속마음을 본 것 같다. 그랬기에 간혹 조언이나 상담을 부탁하면 아주 적절한 조언을 들을 수 있었다.

우리는 서로를 친한 친구라고 인정했지만 무작정 의존하지 않았고, 자주 만나지 않더라도 전혀 불안함을 느끼지 않았다.

《장자》에는 이런 말이 있다. "군자의 교제는 물처럼 맑다." 교양 있고 지성을 갖춘 사람과의 만남은 늘 산뜻하고 담백하다. 적당한 거리감을 유지하기 때문이다.

반대로 "소인의 교제는 단술처럼 달콤하다"라고 적혀 있다. 그릇이 작은 사람의 만남은 달콤한 술 같아서 당장은 좋을지 몰라도 뒷맛이 개운치 않다. 그래서 군자와는 친밀함이 더해지는 경험을 하게 되지만, 소인과는 특별한 이유가 없어도 금방 멀어지기 마련이다.

부자들의 관계도 그렇다. 그들은 언제나 적당한 거리감을 두며 건강한 관계를 유지하는 것을 볼 수 있었다.

【○】 물리적 거리를 초월한다

나와 특별히 가까운 관계를 유지하는 친구 세 명 중 한 명은 중남부 지방에, 다른 한 명은 중부 내륙에, 또 다른 한 명은 북부 지방에 살고 있다. 나는 도쿄에 살고 있다 보니 서로 자주 만나지는 못한다. 일정이 어긋나면 몇 년 동안 얼굴을 못 보기도 했다.

그렇다 보니 평소에는 메신저로 소식을 주고받지만, 그마저도 한 달에 한 번 있을까 말까 하다. 그래도 우리는 서로 거리가 생겼다고 느끼지 않고 친밀한 관계를 지속하고 있다. 진정한 친구라고 할 수 있는 상대는 이런 식이라도 충분히 만족할 수 있음을 실감하고 있다.

자주 만나 술잔을 기울이고, 회사에 대한 불평이나 여러 고민을 쉽게 털어놓을 수 있는 관계도 나쁘지 않다. 그렇지만 나처럼 지긋한 나이가 되면 만나지 않으면 불안을 느끼는 그런 관계에서는 졸업해도 괜찮다 싶다. 아니, 졸업해야 한다.

《논어》의 학이편에 이런 구절이 나온다. "벗이 먼 곳에서 찾아오니 역시 즐겁지 아니한가?" 공자가 살았던 시대에는 먼 곳에 사는 친구와 만나려면 길고 험한 여행을 감내해야 했다. 그런 것을 감수하고 만나기 위해 길을 나서는 친구를 둔다는 것은 기쁜 일이라는 의미일 것이다.

기술이 발달한 지금은 다양한 커뮤니케이션 수단이 있어서 1년 넘게 만나지 못해도 우정이 식을 걱정을 하지 않아도 된다. "이야, 이게 얼마 만이야!" 이런 감탄사와 함께 누군가를 만나는 것은 그만의 맛이 있다.

서로에게 적당한 거리감이 있는 관계는 지나치게 무겁지 않다. 그렇다고 해서 결코 가볍고 쉽게 끊어지지도 않는다. 성숙한 어른의 관계, 마음의 여유가 있는 부자들의 관계는 이런 모습이다.

【○】 자주 연락하지 않는다

언제나 연락이 닿을 수 있어야 하고, 만날 수 있어야 진정한 친구라고 생각하는가? 만약 그렇다면 지금 당장 생각을 바꿔야 한다.

주변을 살펴보면 친구들에게 둘러싸여 있을 때 행복을 느낀다는 사람이 많았다.

"나 지금 회사에서 나왔어."

"전철을 탔는데 사람이 왜 이리 많은 거야."

"드디어 내린다."

"잘 가고 있지? 난 이제 집 앞이야."

"내일 만나. 안녕!"

이렇게 일거수일투족을 중계하듯 스마트폰 메신저를 쉬지 않는다. 휴일에도 서로 무엇을 하는지 알지 못하면 안절부절못한다. 이렇게 긴밀하게 연결되어야만 '친한 친구'라고 믿는다.

나는 이런 모습을 관계 중독의 초기 단계라고 본다. 항상 누군가와 연락이 닿지 않으면 불안함을 느끼는 것이다. 이

것은 온전히 어른으로 성장하지 못했다는 증거다.

만약 자신이 이런 성향을 가지고 있다면 스마트폰에서 멀어져 적당한 거리를 유지하는 훈련을 해보자. 일단 첫 번째로 휴일에는 스마트폰을 쓰지 않도록 한다. 이렇게 의도적으로 '노 스마트폰 데이'를 설정해 스마트폰 없는 삶에 한 걸음 더 다가간다. 첫 번째 단계가 자리를 잡으면 평일 밤 10시 이후에는 스마트폰을 쓰지 않도록 한다.

이런 식으로 조금씩 스마트폰에 매달렸던 습관에서 벗어난다. 그러다 보면 매 순간 연결되어 있음을 확인하기 위해 연락하던 모습을 돌아보게 되고 홀로서기를 연습하게 될 것이다. 그때부터 정신적인 독립이 시작된다.

기억하라. 부자들은 누구에게도 의지하지 않으면서 자신을 돌볼 줄 아는 사람들이다.

【○】 스스로를 평범하게 평가한다

예전부터 어른들은 "못난 놈일수록 잘난 체한다"라고 말씀하셨다. 세상에는 이 부류에 들어가는 어리석은 사람이 적지 않은 것 같아 참으로 안타깝다.

최근에는 외국에서 나고 자라서 돌아온 경우가 많아서 원어민 수준으로 영어를 구사하는 사람이 많다. "아, 미국? 우리 아빠가 무역 회사를 다녀서 어릴 때 미국에서 자랐는데"라면서 어떻게든 연관 짓거나 일부러 L과 R 발음의 차이를 자랑스럽게 보여주는 사람도 보았다. 하지만 그런 것은 자랑할 게 아니라 특기로 가지고 있다가 필요할 때 적극적으로 활용하면 된다. 제아무리 영어 실력이 좋아도 필요하지 않은 상황에서 자랑하기라도 하면 그 가치는 땅에 떨어진다.

그렇지만 무턱대고 자신을 비하하는 것도 생각해볼 일이다. 겸손하게 행동하는 것이라고 할지 모르지만 다른 사람들이 보기에는 오히려 불편할 뿐이다. 어쩌면 '이 사람은 정말 모자란 건가?'라고 생각할 수도 있다.

"제가 이 프로젝트를 맡아도 되겠습니까? 섣불리 말씀드릴 수는 없지만, 신중하게 잘 처리해보겠습니다."

이 정도의 느낌으로 자신을 지나치게 낮추지 않으면서 당당하고 긍정적인 태도를 보여준다면 상대방으로부터 호감을 얻고 좋은 평가를 받을 수 있을 것이다.

정리하자면 지나친 자기 확신이나 자기 비하처럼 과한 것은 좋지 않다. 있는 그대로, 담백한 태도를 취하는 것이 가장 좋은 법이다. 가능하다면 자신의 능력을 보여주며 할 수 있다고 말하고 불가능하다면 안 되겠다고, 도움이 필요하다고 솔직하게 말하자.

이런 태도를 보이는 사람은 어떤 자리에서 그 누구와 일하더라도 좋은 인상을 준다. 부자들은 그렇게 인정을 받은 후 적당히 자신의 의견을 피력하면서, 때로는 한 걸음 물러서는 섬세함으로 성공을 손에 넣었다.

✳ 두 번째:
감정과 상황에
끌려다니지 않는다

【○】 5초 동안 참을 줄 안다

분노 매니지먼트 전문가의 조언에 따르면 분노의 감정은 처음 5초 동안이 가장 강력하다. 이 5초만 견디면 침착함을 되찾을 수 있고, 나중에 후회할 언행을 하지 않고도 사태를 받아들일 수 있다.

분노가 치미는 상황이 되면 다음의 두 가지 과정을 실천해보자. 첫 번째 과정은 자신의 경험에 비추어 어떤 것은 허용할 수 없는지, 어떤 상황이 되면 자신을 통제할 수 없게 되는지 분석한다. 두 번째 과정은 위험하다고 생각하는 상황에서 머릿속으로 좋아하는 노래나 장소를 떠올리거나 '오늘 점심은 무얼 먹을까?' 등 무엇이든 좋으니 다른 생각을 해서 주의를 환기한다.

만약 상대방이 자신에게 분노를 표출한다면 정면으로 맞서지 않는 것이 가장 좋다. "화가 날 만한 상황이겠지만", "충분히 이해는 합니다만" 같은 말로 일단 상대방을 진정시키려 하면 "그게 지금 할 말이에요?" 혹은 "지금 내 기분이 어떤지 모르잖아요?" 또는 "그렇게 나오니까 화가 나는 거야"라고 더욱 분노를 자극할 뿐이다. 그렇게 되면 점점 수습 불가능한 상황에 빠져버린다.

그러니 이렇게 해보자. 상대방의 분노에 그냥 "네"라고 짧게 대답한 후 한 귀로 듣고 흘려버리자. 그렇게 잠깐의 시간이 지나면 상대방의 분노도 점점 진정되면서 "내가 좀 지나쳤던 것 같네요"라고 스스로 화를 가라앉힐 수 있다. 결국 더 큰 문제로 발전하는 일도 피할 수 있다.

친구나 가족, 동료나 상사는 분노 이후에 어떻게 대응하는지 지켜본다. 분노 이후 어떻게 다스리느냐에 따라 얼마든지 평판이 좋아질 수도 있다. 적절히 분노를 다스릴 줄 아는 태도는 훗날 더 많은 책임과 권한을 가지게 되었을 때 그에 맞는 대우를 받게 하는 바탕이 될 것이다.

[○] 미소를 연습한다

나는 다양한 환경에서 성공을 거둔 사람을 많이 만나봤지만, 단 한 명도 성미가 까다롭다거나 얼굴을 찌푸리지 않았다. 하지만 겉으로는 평안하게 보여도 항상 행복하지 않을 것이라는 생각이 들었다.

어느 날, 나는 친하게 지내던 어느 사장에게 물었다.

"사장님은 항상 활짝 웃고 계시지만 괴로울 때도 있으시죠?

그러자 이런 대답이 돌아왔다.

"사장에게는 힘든 일이 99%인 것 같아요. 책임은 늘 무겁고, 항상 어떤 선택을 내려야 할지 고민하게 되니까요. 그렇지만 그것이 얼굴에 드러나면 사장으로서는 실격이에요. 사장부터 얼굴이 어두우면 사원은 안심하고 일할 수 없거든요."

그는 평사원이던 시절부터 집을 나서면 미소를 잃지 않기로 결정했다고 한다. 그는 오랜 시간이 지난 지금도 출근하면 사장실의 거울 앞에 서서 웃곤 한다. 이렇게 긴장을 풀고 미소로 업무를 시작하면 어떤 경우에도 자연스러운 미소를 보일 수 있다고 했다.

그는 거래처를 방문할 때면 차 안에서 거울을 보며 크게 웃어보고 천천히 내린다. 웃는 얼굴의 여운이 남아 있는 사이 상대방을 만나면 밝고 긍정적인 사람이라는 첫인상을 줄 수 있기 때문이다. 그렇게 되면 그날은 자신이 기대한 방향으로 논의가 진행될 확률이 높았다고 한다.

미소는 호르몬의 일종인 세로토닌 분비를 왕성하게 한다. 세로토닌은 '행복 호르몬'이라는 별명처럼 긍정적인 기분으로 유도하는 효과를 가지고 있다. 미소와 관련해 마릴린 먼로는 이런 말을 남기기도 했다. "미소는 내가 할 수 있는 최고의 메이크업이다." 미소만큼 매력적으로 보이게 하는 것이 없다는 그의 말을 반박할 사람은 아마도 없을 것이다.

미소는 얼마든지 연습으로 습득할 수 있다. 앞서 소개한 사장처럼 거울을 볼 때마다 자신의 모습을 보며 웃어보는 것만으로 연습은 충분하다. 그렇게 충분히 연습했다면 이제는 다른 사람 앞에서 먼저 웃어보자. 결코 어렵지 않다. 오늘 당장 이런 습관을 시작해보면 어떨까?

이렇게 작은 노력이 쌓이다 보면 언제나 웃음을 머금은 표정이 얼굴에 자리를 잡을 것이다. 그러면 인생 또한 표정처럼 밝아지는 것을 실감할 것이다.

【○】 남들과 다른 표현을 쓴다

입만 열면 부정적인 말을 쏟아내는 사람은 큰 죄를 짓는 것이다. 의도하지 않았더라도 그 부정적인 말은 주변 사람들까지 부정적으로 만들기 때문이다.

"나는 고기보다 생선이 더 싫어"라는 말과 "나는 생선보다 고기가 더 좋아"라는 말은 결론적으로 같은 대상을 두고 하는 말이지만 그 느낌은 크게 다르다. 이처럼 부정적인 표현을 긍정적인 표현으로 바꾸도록 노력하다 보면 자연스럽게 긍정적인 표현이 훨씬 익숙해질 수 있다.

상대방의 옷차림이 요즘 트렌드와는 영 거리가 있고 난해해 눈에 띈다고 느껴져도 "지금까지 지켜보니 한 번 보면 절대로 잊지 못할 개성적인 옷차림을 즐기시는 것 같아요"라고 표현할 수 있다. 실제로 유명 디자이너 중에는 고집스럽게 기묘한 옷차림을 고수하다가 점점 이목을 끌어 결국 자신만의 브랜드를 세운 사람도 있다.

다음에 소개한 예시를 참고하면 부정적인 표현을 긍정적인 표현으로 바꾸는 데 도움이 될 것이다.

- 경험이 부족하다 → 성장 가능성이 크다, 장래성이 있다
- 일 처리가 느리다 → 나름의 방식이 있다, 업무를 정성껏 처리한다
- 케케묵다 → 빈티지하다, 앤티크하다, 역사가 있다
- 유행에 뒤처지다 → 시대를 초월하다, 좋았던 옛 시절의 정취가 느껴진다
- 옷차림이 특이하다 → 항상 화려하다, 컬러풀하고 재미가 있다
- 늙은 티가 난다 → 어른스럽다, 성숙하다, 원숙하다
- 남을 내려다본다 → 리더십이 있다, 자신감이 있다
- 말이 많다 → 디테일에 강하다, 평론가 스타일이다
- 출세가 느리다 → 대기만성형 사람이다, 슬로우 스타터다, 늦게 빛을 볼 것 같다
- 어울리지 않다 → 분명 더 좋은 것이 있다, 새롭고 참신한 시도였다
- 수다쟁이 → 대화하기를 즐긴다, 달변이다
- 오타쿠 → 한 가지 분야에 특별히 정통하다, 마니아적

기질이 있다

- 무뚝뚝하다 → 성격이 쿨하다, 묵직하고 믿음직하다
- 고집이 세다 → 의지가 강하다, 주관이 뚜렷하다

이렇게 평소에 부정적인 표현을 긍정적으로 바꿔 말하는 연습을 하면 구사하는 어휘가 늘어날 뿐만 아니라 사고방식도 점차 긍정적으로 바뀐다.

✱ 세 번째:
관계를 망치는 사람의
말 습관

【✕】　감정에 충실하게 반응한다

맡은 일을 조금 늦게 처리했다고 하자. 그런데 "겨우 그 정도 일을 왜 바로바로 처리하지 못하는 거죠?"라고 갑자기 화를 내는 사람이 있다. 이렇게 심리적 끓는점이 낮은 사람은 분명 정신적인 고민을 안고 있을 가능성이 크다. 아내와 사이가 좋지 않거나, 아이가 한창 사춘기를 보내고 있어서 그에게 반항하고 있을지도 모른다.

　그렇더라도 다른 사람에게 분노를 폭발시킨다면 평판에

그다지 좋을 리 없다. 경우에 따라서는 돌이킬 수 없는 지경에 이를 수도 있다. 아무리 불합리한 상황이라 할지라도, 아무리 상대방이 제멋대로여도 결국 화내는 쪽이 지는 것이다. 그렇게 되면 돌이키기 어렵다는 점을 명심하자.

　분노는 일종의 광기라고 할 수 있다. 사람은 누구나 분노에 사로잡히면 자신을 억제하지 못하게 되어 절대로 해서는 안 되는 말을 입에 올리게 된다. 모두가 알겠지만 말이라는 것은 한 번 뱉으면 다시 주워 담을 수 없다. 폭언을 퍼부으면 잠시나마 분노가 가라앉을 수 있지만, 그 폭언을 받아내는 사람의 마음속에는 상처가 남아 이후로도 계속 고통을 준다.

　직장에서 분노를 표출하는 것은 더욱 심각하다. 분노에 사로잡혀서 "젠장. 이 회사, 더러워서 때려치워야지"라고 말하며 사표를 던질 수 있다. 중요한 것은 퇴사 이후에 발생한다. 이직할 회사를 찾지 못해 계약직이나 아르바이트를 전전하는 사람도 적지 않게 보았다.

　집에서 한 걸음 밖으로 나왔다면 아무리 불합리한 이야

기를 들어도, 누군가로부터 무례한 태도를 경험했더라도 격한 분노를 표출해서는 안 된다. 자신의 처지가 위인지, 아래인지의 문제가 아니다. 나이가 든 성숙한 어른이 공적 자리에서 분노를 제어하지 못한다는 것부터가 문제이기 때문이다.

[×] 비밀을 털어놓는다

"어디 가서 말하면 안 된다. 약속해."

"이게 다 너니까 털어놓는 거야. 알지?"

이런 말로 시작한다는 것은 분명 문제가 있다. 우리 솔직하게 얘기해보자. 비밀을 지켜달라는 당부를 듣고 다른 누군가에게 말하지 않은 채 끝까지 비밀을 지켰는가? 아니었을 것이다. 그렇게까지 입이 무거운 사람은 거의 없다.

하지만 아무리 그렇다고 해도 비밀을 지켜달라는 이야기를 듣고 돌아서자마자 참지 못해 다른 누군가에게 말해버리는 사람이 간혹 있다. 이렇게 입이 가벼운 사람은 어렵게 쌓아온 관계를 스스로 접어버리는 것과 마찬가지다.

비밀을 지키지 못하는 사람은 항상 누군가로부터 주목을 받지 않고는 참지 못한다. 인정 욕구가 지나치게 강해서 그렇다. 어디에서든 주인공이 되고 싶은 마음에 "너한테만 하는 얘기야", "이건 비밀인데"라는 말과 함께 곳곳에 퍼뜨려서 관심을 끌려고 한다.

한편 회사의 업무상 비밀이나 정치계의 알려지지 않은

뒷이야기 등을 시시콜콜 전하는 사람도 있다. 자신이 얼마나 중요한 직책을 맡고 있는지, 다른 사람들은 쉽게 접하지 못하는 상류층 사람들과 친분이 있는지 과시하고 싶어서 그렇게 행동한다. 하지만 진짜 고급 정보는 그렇게 간단히 유출되지 않는다. 어중간한 위치에 있는 사람이 들은 정보는 대부분 가짜인 경우가 많다. 명심하자. 결국 마지막 순간에 진짜가 나타나면 엉터리 정보를 퍼뜨린 게 드러나 망신을 당하게 된다.

어떤 이야기든 입 밖으로 꺼내는 데에는 항상 위험이 따른다. 비밀을 지킬 줄 아는 사람은 상대방이 "사실 이거 비밀인데" 혹은 "아무에게도 말하지 않겠다고 약속할 수 있어?"라는 말과 함께 대화를 시도하면 고민하지 않고 이렇게 말할 것이다.

"그렇게 중요한 이야기라면 네 마음속에만 간직하는 게 좋겠어. 비밀을 지키고 싶지만, 술에 취하기라도 하면 무심결에 말하게 될 것 같아. 그러니 어떤 이야기인지 정말 궁금하지만 듣지 않을게."

일단 이야기를 들어보고 입을 닫는 게 아니라 애초에 귀를 닫는 것이다. 이렇게까지 철저하게 자기 관리를 할 줄 아는 사람은 분명 누군가의 신임을 얻고 있을 것이다. 그렇게 쌓인 긍정적인 평가는 인생의 귀중한 자산으로 연결될 것이다. 부자들도 그렇게 쌓아온 자산 덕분에 부와 성공을 거머쥐었다.

【×】 원리 원칙을 중요하게 여긴다

간혹 주변을 보면 사소한 일에도 원칙을 앞세워 상대방을 궁지에 몰아넣는 사람이 있다. 혹 경영진이나 중요한 거래처 담당자가 이런 태도를 보이면 상대적으로 지위가 낮고 권한이 적은 사람은 반론 한마디 하지 못한 채 가만히 들을 수밖에 없다. 옳은 말이기는 해도 그런 말에는 상대방을 무시하는 의도가 담기기 마련이다.

반드시 잘잘못을 따지거나 최선을 고집해야 할 중요한 사안이 아닌데도 "그건 좀 불합리한 것 같아요"라거나 "그렇게 되면 정해진 원칙에서 벗어나게 되는데요?" 같은 말로 추궁한다. 좀 더 거칠어지고 감정이 섞이면 "그런 형편없는 논리로는 도저히 이해할 수 없어요. 좀 더 논리정연하게 설명해주시겠어요?"처럼 상대방을 몰아세우게 된다.

정말 이해가 되지 않는다면 모르겠지만(그렇더라도 이렇게 반응하면 안 된다), 상대방을 곤란하게 하려는 마음에 굳이 논리라는 말을 내세우는 것이라면 문제가 있는 태도다.

사실 이런 태도는 상대방보다 자신이 우월하고 똑똑하다고 믿기 때문에 나타나게 된다. '그거 봐. 이럴 줄 알았어. 나를 이길 수 없지.' 내심 이런 생각을 하며 자존심을 세우고 깔아뭉개는 것이다. 때로는 상대방보다 자신이 부족하다는 생각에 자격지심을 느껴 들키지 않기 위해 그렇게 행동하기도 한다.

이렇게 상대방을 궁지에 몰아넣는 사람은 이유가 무엇이든 상대방이 기본적인 대응조차 하지 못하게 만들어야 비로소 만족하게 된다. 혹시라도 이런 사람을 만난다면 별다른 방법이 없다. 그저 피하는 것이 최선이다.

이런 부류의 사람이 사회에서 중요한 자리에 오를 가능성은 거의 없다. 나름대로는 논리적으로 설명한다고 하지만, 가만히 들어보면 탁상공론에 지나지 않는 경우가 많다. 그런 이야기는 그 누구라도 진지하게 들으려고 하지 않기 때문에 결국 무시당하고 만다.

【×】 거짓이 꼬리에 꼬리를 문다

"나는 지금까지 살면서 단 한 번도 거짓말을 하지 않았습니다."

누군가 이렇게 말한다면 그 사람은 100% 거짓말쟁이라고 단정해도 된다.

사실 살다 보면 자신도 모르게 순간적으로 거짓말을 하는 경우가 생기긴 한다. 그렇지만 거짓말은 그때까지 쌓아온 신용을 단숨에 무너트리는 위기 상황을 불러올 수 있음은 명심해야 한다. 아무렇지 않다고 생각한 사소한 거짓말일지라도, 무심코 허세를 부린 것일지라도 사실이 아닌 것은 반드시 탄로가 나게 되어 있다. 그리고 그 대가는 생각보다 아프다.

예전에 만났던 한 사람은 외모가 준수하고, 똑똑했으며, 행동도 우아했다. 업무 처리도 완벽해서 그를 나쁘게 평가하는 사람을 볼 수 없을 정도였다. 하지만 안타깝게도 그에게는 이런 말버릇이 있었다. 대화 중에 유명인의 이름이 나오면 "사실 그분과 아주 친해요"라는 식으로 친분을 부풀려서 과시하는 것이다. 대기업 사장부터 TV에서 자주 볼 수 있는 평론가 등 수많은 유명인과 "자주 식사하는 사이"라고 했다.

그러던 어느 날, 한 행사장에서 평소 친분을 과시했던 대기업 사장과 마주치게 되었다. 그런데 그가 애써 시선을 회피하는 게 아닌가. 다른 모임에서는 친하다던 유명인을 보았는데도 슬쩍 자리를 피했다. 이런 일이 반복되자 사람들은 그의 친분 관계가 대부분 엉터리였다는 것을 알게 되었다.

이후 그는 어떻게 되었을까? 경력을 쌓아 더 좋은 직장으로 이직했지만, 이제는 아무도 그에게 관심을 보이지 않는다고 한다. 습관적인 거짓말이 밝아야 할 그의 미래를 망친 것이다. 자업자득이지만, 조금 안타깝다.

작은 거짓말로 시작했더라도 당황한 마음에, 그 거짓말을 감추려 하다 보면 더 큰 거짓말을 하게 된다. 이런 일이 거듭되면 결국 수습할 수 없는 상황까지 되고 만다. 거짓말의 무서운 점이 바로 이런 것이다.

"신은 정직한 사람을 도울 수밖에 없다"라는 말을 들은 적이 있다. 거짓말을 하지 않고 있는 그대로의 모습으로 최선을 다했을 때 최고의 결과를 가져온다.

07

부자들은 혼자만의
시간을 즐긴다

: 모든 관계의 시작은 나 자신

✳ 첫 번째:
부자들이 탐내는
사람의 공통점

【○】 잘 먹고, 운동하고, 푹 쉰다

복권 판매점에 사람들이 모여드는 모습은 흔한 광경이다. 일본에서는 얼마 전 100억 원이 넘는 당첨금의 주인공이 탄생하면서 자신에게도 행운을 다가오기를 기대하는 사람이 많아졌다. 돈의 매력, 돈이 사람을 끌어당기는 힘은 그만큼 강렬하다.

하지만 세상에는 아무리 돈이 많아도 손에 넣을 수 없는 것들이 있다. 그중 가장 중요한 것은 바로 건강이다. 인생

최대의 자산은 몸과 마음의 건강이라는 데 모두가 동의할 것이라고 생각한다.

사실 성공하고자 하는 열망이 강한 사람일수록 건강 관리를 소홀히 하고, 무리를 해서라도 빡빡한 일정을 소화하려고 한다. 오래된 업무 방식을 바꾸자는 목소리가 커지고 있지만, 여전히 세계적으로도 과도하게 일을 하고 있다.

한 번이라도 건강이 상한 경험을 해보면 자신이 얼마나 어리석었는지 통렬히 깨닫게 된다. 건강이 상하면 내 몸이지만, 내 의지대로 움직이지 않는다. 이런 지경이 되고 나면 '돈보다 건강이 중요하다'는 사실을 깨닫게 되지만 이미 늦었다.

한번은 어느 경영자가 진지하게 이런 이야기를 한 적이 있다.

"누군가에게 중요한 업무를 맡기려고 할 때 그 사람의 건강 관리, 자기 관리를 면밀히 관찰합니다. 이 두 가지는 그 사람을 평가하는 중요한 포인트입니다."

그는 당시까지 주변 사람보다 유능하고 일을 열심히 하

는 사람을 요직에 발탁해보았지만, 다들 지나치게 힘을 쏟다가 쓰러지고 말았다고 했다. 이런 경험에서 우러나온 그만의 기준이었다.

평소 잘 챙겨 먹고, 몸을 적당히 움직이면서, 쉴 때는 확실히 쉬자. 수면 부족은 건강의 적이다. 밤이 깊도록 술을 마시거나 게임에 열중하는 것은 절대 금물이다. 일에서든, 인생에서든 마지막에 웃는 사람은 건강을 지킨 사람이다.

지구 환경의 급격한 파괴는 현재 인간이 당면한 가장 심각한 과제다. 환경 파괴의 속도는 매년 가속화되고 있다. 몇 번이나 국제 회의를 열어 협정을 맺고 있지만, 인류의 발버둥을 비웃기라도 하듯 온난화에는 제동이 걸리지 않는다. 이 속도로 가면 21세기 말 세계의 평균 기온은 21세기 초보다 2.6℃~4.8℃ 상승한다는 전망도 나왔다. 그렇게 된다면 대형 태풍이 빈발할 것이고, 극지방의 얼음이 녹아 평균 해수면이 최대 82cm 상승할 수 있다고 한다. 그러면 세계의 많은 지역이 수몰 위기에 놓인다. 이미 남태평양의 투발루나 키리바시에서는 국토 일부가 수몰되었고, 사람들은 오스트레일리아나 뉴질랜드 등으로 이주하고 있다.

일본도 안심할 수 없다. 기후 변화에 관한 정부간 패널이 작성한 제5차 평가 보고서에 따르면 해수면이 1m 상승하면 오사카 북서부에서 사카이시에 걸쳐 있는 해안선이 거의 수몰될 것으로 예상된다. 도쿄도 큰 영향을 받을 것으로 우려된다.

21세기 말까지는 앞으로 80년도 채 남지 않았다. 100세 시대라는 요즘, 현재 젊은이라면 그런 상황을 목도할 가능성이 적지 않다. 우리의 아이나 손자 세대를 생각하면 한시도 가만히 있을 수 없지 않을까? 우리 모두가 심각성을 느껴야 한다.

이런 전망을 바탕으로 온갖 업종에서 지구 환경이 지속 가능하도록 할 수 있는 방법을 찾는 데 상당한 관심을 보이고 있다. 제품을 개발할 때도, 기업의 경영 계획을 세울 때도 지속 가능하지 않다면 앞으로는 발전 가능성을 기대할 수 없기 때문이다.

요즘은 환경 문제에 대한 의식이 낮은 사람은 채용 대상에서도 제외되는 분위기다. 지금은 그런 시대라는 것을 잊지 말자.

'나 한 사람 정도가 에너지 손실을 막는다고 지구 온난화가 멈추겠어?'라는 생각을 하면서 무관심하다면 부자가 되기는커녕 지금 종사하고 있는 일자리도 잃을 수 있다는 것을 잊지 말아야 한다.

[○]　누구보다 가정적이다

일본 사회는 조직의 상층부에 올라갈수록 무척 바빠진다. 친구나 직장 동료는 괴로울 때, 힘들 때 쓰러지지 않도록 지탱해주는 중요한 관계다. 또한 일을 마치고 완전히 녹초가 되어 집에 돌아왔을 때 맞이해주는 가족의 미소는 억만 금을 주어도 절대 살 수 없는 인생의 보물이다.

　그중에서도 가족은 차원이 다르게 중요하다. 친구는 설령 절교를 한다 해도 새로운 친구를 만들 수 있다. 직장 동료도 마찬가지다. 이직을 하게 되면 그곳에서 마음이 맞는 새로운 동료를 만날 가능성이 얼마든지 있다. 하지만 가족은 절대 바꿀 수 없다. 혈연으로 이어진 부모와 자식, 형제자매는 사이가 조금 틀어지는 것 정도로는 꿈쩍도 하지 않는 굳건한 관계다. 피는 물보다 진하다고 했듯 더없이 소중한 존재다.

　"부부의 인연은 내세"라고들 한다. 현세뿐만이 아니라 내세까지 이어지는 인연이라는 의미로 그만큼 부부라는 인연은 이렇게 소중하다.

안정된 가족 관계를 유지하고 있고 만족하는 사람은 당연히 일에서도 좋은 성과를 내고, 자신이 가진 능력도 최대한 발휘할 수 있다.

예전에는 회사 책상에 아이나 가족의 사진을 두면 수군대기도 했다. 하지만 최근에는 분위기가 많이 바뀌어 스마트폰의 바탕화면을 아이나 가족의 사진으로 설정해놓는 사람이 대부분이다.

특별한 직종이 아닌 이상 달력에 표시된 휴일에는 눈치 보지 않고 쉴 수 있다. 매주 이틀의 주말이 있고, 공휴일과 여름 휴가, 매년 보장되는 유급 휴가까지 더하면 상당한 휴일을 누릴 수 있다. 그중에서 절반은 가족과 함께 즐기면 어떨까?

가족과 함께 지내는 시간이 길수록 서로 잘 이해하게 되고, 자연스럽게 정이 깊어져 더 끈끈하게 연결될 것이다.

"나는 직원들을 평가할 때 자신의 가정을 제대로 지키고 있는지도 확인합니다. 가족은 인생의 기반입니다. 가정이 흔들리면 일에도 영향을 주는 경우가 많거든요."

어느 경영자의 이 말이 점점 무겁게 다가온다.

✳ 두 번째:
지성과 통장 잔고는
비례한다

[○] 매달 책을 7권씩 읽는다

마이크로소프트의 창업자 빌 게이츠와 전설적인 투자가 워런 버핏에게는 공통의 취미가 있다. 세계적인 부자이니 전용기를 타고 전 세계를 호화롭게 누비는 것이 취미일까? 아니면 유명 골프장을 통째로 빌려 골프를 치는 것이 취미일까? 이것도 아니라면 초호화 크루즈선을 타고 세계 여행을 즐기는 것일까? 전부 아니다.

빌 게이츠와 워런 버핏 두 사람이 공통적으로 즐기는 취미는 다름아닌 독서다. 빌 게이츠는 매주 1권 이상의 책을 읽는다고 알려져 있고, 워런 버핏은 매일 5시간은 꼭 책을 읽는다고 한다.

그런데 최근 조사 결과를 보면 책을 읽는 사람들이 많이 줄어든 것을 발견할 수 있다. 일본 국민을 대상으로 실시한 여론 조사 중 독서에 관한 질문의 답을 보자. 가장 많이 나온 대답이 '책을 읽지 않는다'로 47.3%에 달했다. '1달에 1~2권 읽는다'는 답이 37.6%였고, 책을 꽤 많이 읽는다고 할 수 있는 '1달에 5~6권'이나 '7권 이상'은 각각 3% 정도에 불과했다.

어떤 사람은 "연봉과 독서량은 비례한다"라고 말하기도 했다. 이탈리아의 파도바 대학에서 독서량과 연봉의 관계를 조사한 결과도 비슷한 결과를 도출했다. 그 조사에서는 프랑스, 독일, 이탈리아 등 유럽 9개국의 5,000여 명을 대상으로 10세까지 학교 이외에서 10권 이상의 책을 읽은 아이와 그렇지 않은 아이를 추적 관찰했다. 그 결과 어른이 되어 연봉을 비교해보니 21% 정도 차이가 난다는 것을 알 수 있었다.

책을 좋아하게 되는 가장 좋은 방법은 항상 책을 가지고 다니는 것이다. 처음 책을 읽기 시작할 때는 미스터리 소설 등 좋아하는 장르의 가벼운 책으로 시작해도 좋다. 차를 타고 이동하거나 할 때 스마트폰 게임으로 시간을 보내는 것 대신 가지고 있는 책을 펼쳐보자. 책은 강한 여운을 남기기 마련이어서 한 권을 읽으면 다른 책을 이어서 읽고 싶게 만든다. 이렇게 독서가 습관으로 자리를 잡으면 독서량은 빠르게 늘어난다.

독서 습관을 만드는 또 다른 좋은 방법은 책을 좋아하는 사람에게 적극적으로 다가가 화제가 되고 있는 책이나 양질의 책을 추천받는 것이다. 다른 사람에게서 좋은 책을 추천받으면 자신의 관심사에 얽매이지 않고 다양한 책을 접할 수 있어서 독서의 즐거움이 훨씬 커진다.

독서 습관과 관련해 한 가지 더 추천하고 싶은 방법은 도서관에 가서 여기저기 둘러보는 것이다. 이 방법을 활용하면 평소에는 그다지 관심이 없었던 분야의 책과 우연히 만날 수 있다. 그러다 보면 새로운 것을 발견하는 기쁨과 함께 단숨에 책이 더 좋아질 것이다.

기억하라. 부자들은 매달 평균 7권씩 읽는다고 한다. 그렇게 늘 곁에 책을 두고 지식을 쌓는다. 책이야말로 부자로 가는 지름길로 안내한다.

【○】 굳이 종이 신문을 고집한다

얼마 전까지만 해도 조간신문을 읽으면서 하루를 시작하는 것이 직장인의 일반적인 모습이었다. 그러나 최근 들어 신문의 정기 구독자가 급감하고 있다. 2019년 11월 발표된 조사에 따르면 일본에서 신문을 구독하는 사람은 약 66%라고 한다. 의외로 높은 비율이라고 생각하는 사람이 있을지도 모른다. 2008년에는 88%가 넘었다는 것과 비교하면 가파르게 감소하고 있음을 알 수 있다.

중요한 뉴스는 스마트폰으로 얼마든지 확인할 수 있기 때문에 신문 구독이 필요하지 않다고 말하는 사람은 신문을 제대로 읽을 줄 모른다는 것을 고백한 것과 다름없다. 신문은 기본적으로 기사의 제목, 기사의 크기, 배치 등 다양한 레이아웃 요소를 통해 각 뉴스의 중요도가 한눈에 들어오도록 의도하고 있다. 또한 조간신문은 각 영역의 기사를 한데 모아 볼 수 있도록 정치, 경제, 사회, 스포츠 등 여러 영역을 효율적으로 나누어 제공한다.

이렇듯 신문을 읽으면 자연스럽게 다양한 정보를 짧은

시간에 효과적으로 접할 수 있다. 또한 머릿속에 잘 입력되기 때문에 언제 어디에서 누구를 만나 어떤 주제로 대화를 하더라도 막힘 없이 대화를 나눌 수 있다. 이런 역량이 대화를 주도하고, 분위기를 좋게 만드는 것은 물론이고, 비즈니스 측면에서도 서로 최선의 성과를 도출할 수 있도록 이끈다.

이렇게 수많은 순기능을 누릴 수 있는 데다 매일 아침 집으로 배송까지 해주니 비용 대비 편익이 엄청나지 않은가?

신문을 읽는 사람과 그렇지 않은 사람은 독서와 마찬가지로 연봉에서도 명백한 차이를 보여준다. 연봉이 1억 원 이상인 사람은 92%가 신문을 읽는다고 답했다. 연봉이 7,000만~5,000만 원으로 낮아지면 신문을 읽는다고 답한 비율도 54%로 크게 낮아졌다.

나의 경험을 가만히 되짚어 보면 위의 결과와 동일했다. 굴지의 대기업에 다니는 임직원과 대화를 나누다 보면 "오늘 아침에 신문을 보니 내년도 예산에 관해 해석하고 있었어요"라는 식으로 신문을 자주 인용하곤 했다. 그런 상황에서 "아, 저도 그 기사 흥미롭게 읽었어요"라고 대답할 수 있다면 업무 측면에서도 서로 호흡이 잘 맞을 것이다.

반면 신문을 읽지 않는 경우 무어라 말할지 떠오르지 않아 말끝을 흐리면서 대화에 적극적으로 참여하지 못한다면 대화 주제를 꺼냈던 상대방이 실망할 것이고 업무도 매끄럽게 진행하기 어려울 것이다.

좋은 습관은 당장 따라하는 것이 좋다. '고연봉'의 상징인 1억 원에 도달하고 싶다면 오늘 당장 신문 정기 구독을 신청하자.

✱ 세 번째:
누가 뭐래도 나는 나다

【○】　메뉴 선택을 잘한다

식사를 하거나 술을 마시게 되었을 때 누군가가 먼저 메뉴를 선택하면 "나도 그걸로 할게" 혹은 "나도 그거면 돼"라고 하는 사람이 꽤 많다.

얼핏 듣기에 똑같은 표현인 것 같지만, 분명한 차이가 존재한다. 두 표현 중 내가 지적하고 싶은 것은 "그거면 돼"이다. 이 표현에는 자신의 의견이 충분히 들어 있지 않다. 누군가의 선택을 그대로 따라가려는 태도이기 때문에 자립심이 낮은 사람이라고 평가를 받을 수도 있다.

"오늘은 봄옷을 좀 사려고 하는데. 나랑 같이 가줄래?"
라는 식으로 혼자서는 쇼핑도 하지 못하는 사람이 제법 많
다. 이런 사람은 쇼핑을 하러 가서도 "이거 어때? 나한테
잘 어울리는 거 같아?"라며 일일이 의견을 구한다. 상대방
이 "그거 괜찮네. 너한테 잘 어울려"라고 말해주면 지갑을
열지만, 집에 돌아와서는 '사실 나는 별로였는데. 역시 안
어울리는 것 같아'라고 생각하면서 뒤늦게 후회한다.

여기까지는 괜찮다. 당시에는 좋아 보였을 수 있다. 하
지만 '네가 좋다고 해서 산 건데'라며 판단에 뒤따르는 책
임을 상대방에게 돌린다. 자신과 관련한 일인데도 책임을
지려고 하지 않는 것이다.

반면 "그걸로 할게"는 메뉴를 살펴보고 그중에서 자신이
원하는 것을 골랐다는 의미다. 선택한 메뉴가 다른 사람이
고른 메뉴와 동일했다는 것을 표현한 것이다.

"아니, 대체 그렇게 사소한 표현에 얽매일 필요가 있나

요?"라는 반론도 있을 것이다. 하지만 이런 작은 표현만으로도 자립할 수 있는 사람인지 아닌지를 단적으로 보여준다는 것을 꼭 알아두기 바란다. 누군가는 지금 이 순간에도 우리를 평가하고 있다.

이번 기회에 평소에 자신이 많이 사용하는 표현을 점검해보자. 혹시라도 "그거면 돼" 같은 표현을 사용하고 있었다면 "그걸로 할게" 같은 표현을 사용하도록 연습하자.

【○】 자기만의 세계가 있다

여러분은 자신만을 위해 시간을 사용하고 있는가? 많은 직장인들은 꽉 막힌 교통 지옥을 간신히 헤치고 흐르는 땀을 연신 닦으면서 거래처를 돌아다닌다. 외근으로 쌓인 업무를 처리하느라 야근까지 하게 되면 집에는 밤 9시, 10시가 되어서야 도착한다. 그러다 보면 나만의 시간을 즐길 여유 따위는 애초에 기대할 수 없다고 말하는 사람도 많을 것이다.

망중유한이라고, 바쁜 중에도 한가할 겨를이 있다고 하지 않던. 어떤 사람들은 틈새 시간을 이용해 취미 생활을 하거나 자기 계발을 하는 등 자신만을 위한 시간을 확보하기 위해 애쓴다.

어느 과자 회사 사장은 이렇게 말한 적이 있다.

"간혹 평소에는 접점이 없던 사원과 출장을 떠나게 되면 일부러 옆자리에 앉아 이동하는 동안 대화를 해보려고 해요. 책상 앞에만 앉아 있다 보니 나보다 현장을 잘 아는 사람들의 말을 들을 기회가 좀처럼 없었거든요."

그 사장은 이런 상황에서 가장 먼저 취미가 무엇인지 묻는다고 했다.

"글쎄요. 학생 시절에는 럭비를 했었는데, 최근에는 시간이 별로 나지 않아서요."

그는 이런 대답이 돌아오기보다는 다음과 같은 대답이 돌아오길 기대한다고 했다.

"학창 시절에는 럭비를 했어요. 사실 지금은 그때만큼은 아니지만, 매달 한 번 정도는 예전 동료들과 모여서 제법 거칠게 시합을 해요. 한창때만큼은 아니어도 대형을 짜면 흥분이 되더라고요."

이런 대답을 하는 사람은 반드시 기억했다가 중요한 자리에 중용한다고 했다.

지인 중에는 착실하게 자격증 공부를 하면서도 평소에는 전혀 입 밖에 내지 않던 사람이 있다. 한번은 빠르게 살펴야 할 자료에 어려운 한자가 있어 애를 먹고 있었다. 그가 자료를 보고 막힘없이 설명해주더니 "사실 한자 검정 자격증이 있거든요"라고 밝혀 주목을 받았다.

그는 이 일을 계기로 사내 신문의 편집 담당으로 발탁

되어 에세이를 정기적으로 기고하기 시작했다. 이를 계기로 지금은 인기 칼럼니스트라는 또 다른 타이틀을 갖게 되었다.

앞에서 소개한 사장은 가장 인상 깊었던 사람을 소개하며 이렇게 말했다.

"어떤 직원은 말주변이 없어서 화술 교실에 다닌다고 하더라고요. 꽤 놀랐어요. 자격증을 준비하거나 어학을 배우는 경우는 종종 보았지만, 이렇게까지 자신에게 투자하며 노력하는구나 싶더군요."

바쁜 중에도 자신만의 세계를 소중히 여기고, 나아가 자신의 발전을 위해 시간과 돈을 투자하는 사람과 흘러가는 대로 살아가는 사람은 당연하겠지만 훗날 큰 차이가 생긴다. 그 차이는 얼마나 벌어질까? 그 차이를 느끼게 되었을 때는 너무 늦었을지도 모른다. 모두가 조금이라도 더 빨리 깨닫기를 바랄 뿐이다.

[○] 고깃집에서도 혼자 밥을 먹을 수 있다

"요즘 그 영화가 인기라고 하더라. 같이 보러 갈래?"

"국립미술관에서 새로운 기획전을 열어서 흥행하고 있잖아. 같이 가지 않을래?"

살다 보면 지인들로부터 이런 권유를 자주 받게 된다. 상황이 여의치 않아 어려울 것 같다고 완곡하게 거절 의사를 표하면 "네가 간다고 하면 갈까 했지" 같은 말이 돌아오기도 했다. 그런 반응을 들으면 반쯤은 강요받는 것 같아 더 강하게 거절하기가 어려워지곤 했다.

모두가 그렇지는 않지만, 무언가를 혼자 하지 못하는 사람은 다른 사람이나 환경을 자기 뜻대로 움직이려 하기 쉽다. 혹시라도 내 이야기라고 생각된다면 반성하자.

평소 속마음을 나누었던 친구와 함께 영화나 전시회를 본 후 식사하면서 감상을 나누는 것은 무척 즐거운 일이다. 하지만 그런 활동을 할 때마다 반드시 동행할 누군가가 필요하다면 문제가 있다.

가고 싶은 곳이 있고, 보고 싶은 것이 있다면 혼자 나가서 즐겨보자. 영화나 전시회를 감상한 뒤 조용한 카페에 들어가 그날 경험한 것들을 가만히 되새겨보자. 영화나 전시회를 두 번 즐기는 기분일 것이다. 매번 그렇게 하라는 뜻이 아니다. 때로는 혼자여도 괜찮은 사람이 되기를 권유하는 것이다.

혼자 여행을 가보는 것도 추천한다. 나는 해외여행도 혼자서 가는 것을 원칙으로 하고 있다.

몇 해 전에는 미얀마를 여행했다. 당시 여행을 준비하면서 미얀마의 교통 사정이 좋지 않다는 걸 알게 되어 어쩔 수 없이 개인 여행을 포기하고 혼자 여행하는 사람들이 모이는 투어를 이용하기로 급하게 변경했다. 그렇게 만난 사람들은 모두 6명이었다. 만화가, 막 퇴직한 직장인, 이혼 후 자유를 찾았다며 밝게 웃던 여성 등 나이도, 직업도 제각각이었다. 얼마든지 혼자서 생활할 수 있는 사람들이었지만, 이 여행의 며칠만 함께 동행하기로 했다. 여행이 끝나고 우리의 인간관계는 그곳에서 끝났다. 이런 관계도 아주 산뜻해서 느낌이 좋았다.

최근에는 이렇게 혼자 여행을 가는 사람이 일시적으로 모이는 투어가 꽤 인기를 끌고 있다고 한다. 이런 여행을 통해 정신적으로는 제대로 독립하지만, 함께 행동해야 할 때는 팀이 되어 다른 사람들을 대하는 요령도 익힐 수 있을 것이다.

이렇게 적당한 거리를 유지하는 인간관계를 온전히 즐기기 위해서는 혼자 행동할 수 있는 능력이 필수다.

✳ 이제 여러분은
부자가 될 자격을 갖췄다

그냥 부자는 누구라도 될 수 있다. 간단히 말해 로또나 복권에 당첨되면 하룻밤 사이에도 큰 부자가 된다. 그런데 당첨된 사람 중에는 인생에 먹구름이 낀 사례도 적지 않다. 자신만의 생각이 확고하게 자리를 잡지 못해 돈과 주변 사람에게 휘둘리기 때문일 것이다. 이처럼 부자가 될 수는 있어도 행복한 부자가 되는 것은 참으로 어렵다.

행복한 부자가 된다는 것은 '돈만 있으면 행복해진다'라는 사고방식에서 해방되는 것이다. 혼자만의 시간을 갖고 자신을 조용히 들여다보는 시간을 소중히 하자. 이런 정신적인 여유에 더해 돈이 주는 여유로움을 즐기도록 하자.

사실 사람은 누구나 고독을 싫어한다. 그렇지만 어느 휴일에 가족이 모두 외출하고 집안에 혼자 남아 여유롭게 시간을 보내보면 혼자 있는 것이 얼마나 쾌적한지 실감할 수 있을 것이다.

고독이라고 하면 쓸쓸하고 불안한 느낌이다. 그렇지만 '고고함'이라고 바꿔 생각하면 이것 이상으로 순수하고 맑은 시간이 없다. 이런 시간을 보내면 가족과 지내는 시간, 친구와 만나는 시간이 얼마나 즐거운지 전보다 생생하고 선명하게 느껴질 것이다.

혼자 있는 시간을 즐길 줄 알게 되면 돈에 얽매이지 않게 된다. 그러니 반드시 가끔은 고고함을 느끼는 시간, 외톨이가 되는 시간을 차분히 맛보기 바란다. 그런 시간을 보내는 동안 돈의 속박에서 벗어날 수 있게 되어 진정한 부자의 경지에 가까워질 수 있다.

나와 함께 여기까지 온 여러분은 얼마든지 부자가 되어

도 괜찮다. 돈에 휘둘리는 일 없이, 자기답게, 자신감으로 가득 차서 살아갈 수 있을 것이다.

여러분이 사장이든, 직원이든, 투자가이든, 그 외의 어떤 일을 하고 있든 상관없다. 좋아하는 것을 하면서 마음껏 돈을 벌고 계속해서 가능성을 뒤쫓아 가면서 성장하면 된다.

이 책에 정리한 인간관계의 요령을 완벽히 실천할 수 있는 여러분에게는 그럴 만한 자격이 있다.

부자들의 인간관계

2022년 10월 29일 초판 1쇄 | 2022년 12월 23일 5쇄 발행

지은이 스가와라 게이 **옮긴이** 정지영
펴낸이 박시형, 최세현

책임편집 김선도 **디자인** 윤민지
마케팅 양봉호, 양근모, 권금숙, 이주형 **온라인마케팅** 신하은, 정문희, 현나래
디지털콘텐츠 김명래, 최은정, 김혜정 **해외기획** 우정민, 배혜림
경영지원 홍성택, 이진영, 김현우, 강신우
펴낸곳 (주)쌤앤파커스 **출판신고** 2006년 9월 25일 제406-2006-000210호
주소 서울시 마포구 월드컵북로 396 누리꿈스퀘어 비즈니스타워 18층
전화 02-6712-9800 **팩스** 02-6712-9810 **이메일** info@smpk.kr

© 스가와라 게이 (저작권자와 맺은 특약에 따라 검인을 생략합니다)
ISBN 979-11-6534-629-4 (03320)

쌤앤파커스(Sam&Parkers)는 독자 여러분의 책에 관한 아이디어와 원고 투고를 설레는 마음으로 기
다리고 있습니다. 책으로 엮기를 원하는 아이디어가 있으신 분은 이메일 book@smpk.kr로 간단한
개요와 취지, 연락처 등을 보내주세요. 머뭇거리지 말고 문을 두드리세요. 길이 열립니다.